Britta Schöffmann

KLAUS BALKENHOL

Dressurausbildung nach
klassischen Grundsätzen

KOSMOS

Klaus Balkenhol – Einssein mit dem Pferd   6
Das Leben mit Pferden ist ein großer Reichtum   7

MEINE PHILOSOPHIE

Die klassischen Grundsätze beachten   10
Klassische Dressur und Sportreiterei   12

AUSBILDUNG –
VOM FOHLEN ZUM DRESSURPFERD

Erziehung zum Vertrauen   21
Pferde stressfrei anreiten   23
Überforderung vermeiden   27
Auswahl des passenden (Dressur-)Pferdes   35

DIE SKALA DER AUSBILDUNG
IN DER TÄGLICHEN PRAXIS

Gracioso und der Takt   42
Goldstern und die Losgelassenheit   52
Anlehnung – leicht wie Farbenfroh, fest wie Rhodomo   59
Vom schwunglosen Oleander   67
Geraderichtung – eine unendliche Geschichte   79
Von der Versammlung zum Tanz   86

MIT SYSTEM ZU DEN
GRAND PRIX-LEKTIONEN

Das Geheimnis: Vorbereitung und Zeit 95
Erarbeiten, Verbessern, Fehler abstellen: Impuls 98
Erarbeiten, Verbessern, Fehler abstellen: Piaffe 100
Erarbeiten, Verbessern, Fehler abstellen: Passage 107
Erarbeiten, Verbessern, Fehler abstellen:
    Piaff- und Passage-Übergänge 114
Erarbeiten, Verbessern, Fehler abstellen: Tempiwechsel 120

VOM REITEN ZUR REITKUNST

Reiten allein genügt nicht 125
Das richtige Coaching 130
Den Spaß erhalten 142
Die Ethischen Grundsätze 147

SERVICE

Zum Weiterlesen 149
Nützliche Adressen 151
Register 151

KLAUS BALKENHOL — EINSSEIN MIT DEM PFERD

Zu der Idee, ein Buch über und mit Klaus Balkenhol zu schreiben, wurde ich durch die lange Freundschaft mit der Familie Balkenhol inspiriert. Seine Art mit Pferden und Reitern zu arbeiten, seine Brillanz im Sattel und nicht zuletzt sein außergewöhnlicher Lebensweg vom Bauernkind und „kleinen Polizeibeamten" bis hin zur internationalen Größe und zur Anerkennung in den höchsten Kreisen, hervorgegangen aus den Pferden und dem Dressursport, hatten mich schon lange fasziniert. Was ist nicht alles möglich, wenn man einen Traum hat und sein Ziel nie aus den Augen verliert.

Eine bloße Biografie sollte es aber nicht sein, das wäre – bei aller Hochachtung vor Klaus Balkenhols Leben – zu wenig. Denn sein Wirken, sein Umgang mit Pferden, seine reiterliche und ausbilderische Botschaft, die ich bei gelegentlichen Trainingsaufenthalten in Rosendahl selbst erleben darf, wollte ich in den Mittelpunkt dieses Buches stellen. Klaus Balkenhol steht heute wie kaum einer für die klassischen Prinzipien in der Dressurausbildung. Die Einhaltung der Skala der Ausbildung – davon ist er überzeugt, dafür kämpft er, dafür macht er sich auch, wenn nötig, mal ein wenig unbeliebt. In einer Zeit, in der spektakuläre Auftritte Publikumswirksamkeit und Einschaltquoten garantieren sollen, ist er ein Freund der leisen Töne geblieben. Reiten heißt für ihn eins sein mit dem Pferd, heißt Harmonie statt scharfer Sporen. Hoffen wir, dass diese Harmonie auch in Zukunft den Dressursport ausmacht. Die Pferde haben es verdient.

BRITTA SCHÖFFMANN

DAS LEBEN MIT PFERDEN IST EIN GROSSER REICHTUM

Wenn ich heute zurückblicke, dann muss ich oft daran denken, wie ich einst als kleiner Junge hinter dem von Pferden gezogenen Pflug herging und von den großen Reitern träumte, die ‚ganz oben' mitritten. Ich hätte nie gedacht, dass ich einmal dazu gehören würde. Für mich war das damals nur ein Traum. Und um dem zumindest als Zuschauer ein wenig nahe zu sein, habe ich nicht selten eine Woche lang auf dem Acker Kartoffeln gesammelt, damit ich von dem verdienten Geld eine Eintrittskarte für ein ländliches Turnier kaufen konnte. Doch ich denke, dass es gerade solche Erfahrungen sind, die den Wert einer Sache ausmachen. Und sie schaffen Verständnis für alle, die versuchen, durch Arbeit und Fleiß nach oben zu kommen. Diese Erkenntnis macht reifer und toleranter.

Ohne die Reiterei hätte ich wohl nie die Gelegenheit gehabt, mit Politikern, Wirtschaftsbossen, Künstlern und Millionären in Kontakt zu kommen. Ich habe dabei nie Neid verspürt, sondern war auf die Erfahrungen, die ich im Leben machen durfte, stolz. Im Laufe der Zeit habe ich auch viele sehr wohlhabende Mitreiter kennengelernt, die mich nie haben spüren lassen, sie seien ‚etwas Besseres'. Im Viereck vor den Richtern waren wir alle gleich – auch wenn ich mir nie teure Pferde leisten konnte. Letztlich kommt es immer auf das „richtige Reiten" an. Nur das zählt im Sattel.

Alles, was ich mit den Pferden erleben konnte und durfte, würde ich in meinem nächsten Leben – falls es so etwas gibt – nochmal wiederholen. Allerdings würde ich dann versuchen, noch früher die Pferde zu verstehen, um noch weniger Fehler zu machen. Denn auch im Laufe meiner Reiterei gab es Fehler, die hätten vermieden werden können, die auf der anderen Seite aber auch zu Erfahrungen und Erkenntnissen führten.

Wenn ich heute einen Schlusstrich ziehen würde, könnte ich sagen, dass ich mit meinem Leben sehr glücklich und zufrieden bin. Dabei habe ich auch immer große Unterstützung durch meine Familie erfahren, allen voran durch meine Frau Judith. Sie hat meinen reiterlichen Weg mitgestaltet, war eine gute Kritikerin, nicht immer bequem und manchmal provozierend – aber immer nur, um mir zu helfen. Ihr möchte ich hier besonders danken. Auch meiner Tochter Anabel, die manchmal bei all unserer Turnierreiterei ein wenig im hinteren Glied stand und trotzdem immer duldsam und unterstützend war. Und natürlich meinen größten Lehrmeistern, den Pferden. Sie haben mich gelehrt, mich zurückzunehmen, bescheiden zu bleiben und dass das Leben mit der Natur und den Pferden der eigentliche große Reichtum ist.

Judith und Klaus Balkenhol

Und schließlich und letztlich danke ich auch Britta Schöffmann, die es nie müde wurde, sich einen Platz in meinem engen Terminkalender zu ergattern. Ohne ihre Hartnäckigkeit wäre dieses Buch wohl nie entstanden – ein Buch, in dem ich die Prinzipien der klassischen Dressurausbildung und der Ausbildungsskala zwar nicht neu erfinde, denn das wäre vermessen. Ein Buch aber, mit dem ich versuche, meine Sicht der Dinge darzustellen und die Erfahrungen zusammenzutragen, die ich im Laufe der Jahre mit den Pferden machen durfte.

KLAUS BALKENHOL

MEINE PHILOSOPHIE

▶ 10 Die klassischen
      Grundsätze
      beachten

▶ 12 Klassische
      Dressur und
      Sportreiterei

DIE KLASSISCHEN GRUNDSÄTZE BEACHTEN

Alle reden von Klassik, von klassischen Grundsätzen, von der reinen Lehre. Doch was heißt eigentlich klassisch? Heißt es alt im Gegensatz zu neu? Verstaubt im Gegensatz zu modern? Oder versteht man unter klassisch nicht vielmehr die gesunde Basis, das Fundament? Aus dem Lateinischen stammend bezeichnet der Begriff Klassik (classis = militärisches Aufgebot, erste gesellschaftliche Klasse) ganz allgemein historische Epochen, denen größte Blüte und Vollkommenheit zugeschrieben wird. Und ist es nicht das, was alle Reiter anstreben: absolute Vollkommenheit in ihrem reiterlichen Tun? So betont dann auch Klaus Balkenhol: „Für mich trifft diese Definition auf jeden Fall den Kern der Sache. Reiten, egal welche Disziplin, ohne Beachtung der klassischen Grundsätze kann niemals zu eben dieser Vollkommenheit führen. Und selbst unter Beachtung aller klassischen Regeln und Vorgaben ist die Reiterei noch schwer genug, wird selbst der beste Reiter von der Individualität jedes einzelnen Pferdes immer wieder in seine Grenzen gewiesen und zum Lehrling werden. Ich selbst habe mein bisheriges Reiterleben lang von jedem Pferd gelernt, das ich reiten und ausbilden durfte. Und ich lerne immer noch dazu. Von echter Vollkommenheit kann man träumen, nach ihr streben. Sie zu erreichen ist nur wenigen vergönnt. Wer sagt ‚Ich kann reiten', hat die Komplexität dieses Sports, der in Vollendung fast

Die hohe Kunst der klassischen Dressur in einer Ölstudie aus dem Jahr 1868. Sie zeigt Waloddi Fischerström, Oberstallmeister am schwedischen Hof.

Nikolaus Balkenhol als Zweieinhalbjähriger noch sicher auf Papas Arm, zusammen mit Bruder Heinz und Hund Janko.

WIE ALLES BEGANN

Es ist ein windig-kalter Wintermorgen, als am 6.12.1939 auf Gut Ross im münsterländischen Velen der spätere Olympiasieger Klaus Balkenhol seinen ersten Schrei tut – mit Verspätung allerdings, denn die Nabelschnur hat den kleinen Bub derart stranguliert, dass er – bereits blau angelaufen – beinahe erstickt wäre.

Dem beherzten Eingreifen der Hebamme ist zu verdanken, dass der

Kunst sein kann, nicht verstanden. Ich glaube nicht, dass ein Menschenleben ausreicht, um Reiten wirklich zu können. Es reicht gerade dazu, täglich mehr zu verstehen, dazuzulernen, sich neuen Herausforderungen zu stellen und sie – im günstigsten Fall – zu lösen."

Inhaltlich und optisch der Klassik entlehnt: Klaus Balkenhol auf dem Rapphengst Escorial.

Junge überlebt. Dabei war zunächst eigentlich ein Mädchen erwartet worden, eine Käthe.
Doch als das Baby immer länger auf sich warten lässt, ist sich Balkenhol senior ziemlich sicher: Jetzt wird's ein Nikolaus.
Er hat recht, und so taufen Maria und Josef Balkenhol – die beiden hießen wirklich so! – ihren Filius dann auch auf diesen klangvollen Namen.

DIE ERSTEN JAHRE

Gemeinsam mit den drei Geschwistern Heinz, Christa und Rita wächst Klein Nikolaus – kurz Klaus – auf Gut Ross, einer großzügigen landwirtschaftlichen Anlage (ehemals im Besitz derer von Landsberg-Velen) in Velen auf, wo sein Vater als Verwalter tätig ist.
Pferde gehören für die vier Balkenhol-Kinder von klein an zum täglichen Leben. Auf den Arbeitspferden, mächtigen Kaltblütern mit

KLASSISCHE DRESSUR
UND SPORTREITEREI

„Klassik meint, ein Pferd seinen natürlichen Anlagen entsprechend zu stärken."

Zu diesen Herausforderungen gehören auch die „modernen" Strömungen im Reitsport, die sich in den letzten Jahren oft immer weiter von der Klassik entfernen. Wo Kommerz und Show die Klassik verdrängt, geht das Streben nach Vollkommenheit unter – zugunsten eines Strebens nach Ruhm, Geld und Medaillen. Ist klassische Reitkunst also der Gegenpol zum Reitsport? Klaus Balkenhol sieht das nicht so: „Beides gehört zusammen, auch wenn es in letzter Zeit vielleicht auseinander driftet. Dabei ist die klassische Ausbildung die Basis für alle Reiterei. Erst durch sie bekommt ein Pferd die Kraft, die Lektionen, die im Sport gefordert werden, zu absolvieren, ohne Schaden zu nehmen. Klassik meint, das Pferd seinen natürlichen Anlagen entsprechend zu stärken und sich dadurch die Basis zu schaffen, auf der man – in jeder Disziplin – aufbauen kann. Klassische Dressur und Sportreiterei sind deshalb für mich kein Gegensatz, sondern eine Symbiose. Dies muss sich aber auch in den Köpfen der Reiter festsetzen. Es ist Unsinn zu sagen, dass der Sport ohne die Klassik auskommt. Umgekehrt gilt aber dasselbe, denn Klassik um ihrer selbst willen würde irgendwann im Museum enden. Das kann nicht unser Anliegen sein. Über den Sport werden unsere Leidenschaft, die Reiterei und die Pferde, am Leben gehalten. Wir müssen nur versuchen, die natürliche Anmut der Pferde eben durch

Gut Ross in den 50er Jahren von oben gesehen.

Klein Klaus als Zweitklässler mit Lehrer Mühlensiepen und Mitschülern auf den Stufen von Schloss Velen.

die klassische Ausbildung zu erhalten. Dazu gehören für mich
außerdem eine artgerechte Haltung, eine gute Erziehung, viel Liebe
und das Wissen um die Skala der Ausbildung. Sie ist nach wie vor
das Maß aller Dinge, denn nur mit ihrer Hilfe kann es gelingen, ein
Pferd sorgsam und verantwortungsvoll unter dem Sattel zu fördern.

Die natürlichen Anlagen eines
Pferdes zu fördern, das ist Klaus
Balkenhols – hier auf US-Team-
pferd Kingston – vorrangiges
Anliegen.

stoischen Gemütern, reitet Klaus
im Alter von fünf Jahren auch
schon mal zur Feldarbeit hinaus,
läuft neben dem Pflug her und hilft
so gut er kann. Dabei lernt er von
Kindesbeinen an den Umgang mit
Pferden, beobachtet ihr Wesen und
ihre Sprache. „Ich erinnere mich
noch gut an Zilli. Sie war ziemlich
bissig, aber wir verstanden uns gut.
Von ihr habe ich damals schon gelernt, dass man sich ein Pferd zum
Freund machen muss, wenn man
von ihm Mitarbeit erwartet."

TIERE STATT SCHULE

Eigentlich hatten sich Klaus Balkenhols Eltern eine andere Laufbahn für ihren Sohn vorgestellt.
Länger zur Schule sollte er gehen,
eine Ausbildung außerhalb der
Landwirtschaft machen. Doch der
Sohn will „was mit Tieren" machen
und setzt sich durch. Nach Ab-
schluss der Pflichtschulzeit beginnt
Klaus Balkenhol im Alter von 14
Jahren auf Gut Ross eine landwirt-
schaftliche Lehre.

Auch mit Ende 60 sitzt Klaus Balkenhol noch täglich im Sattel.

Das ist keine Erfindung von mir und auch nicht von irgendwelchen alten Kämpen, sondern ein System, das sich über Jahrhunderte entwickelt und bewährt hat."

Klassische Dressur und Sportreiterei sollten Hand in Hand gehen, sich gegenseitig befruchten. Dass dies funktioniert, hat Ex-Polizeireiter Balkenhol eindrucksvoll bewiesen. Selbst tief in der Klassik verwurzelt, großer Bewunderer von Reitern und Ausbildern wie Felix Bürkner (1883–1957), Richard Wätjen (1891–1966), Wilhelm Müseler (1887–1952), Otto Lörcke (1879–1957), Otto Hartwich (1917–1989), Willi Schultheis (1922–1995) oder Egon von Neindorff (1923–2004), hat er es im Sattel bis zu Weltmeister-Titeln und olympischem Gold gebracht. Auch als Trainer und Coach hat der Mann aus Westfalen alles erreicht, was in der Dressurreiterei möglich ist. Er führte als Bundestrainer die deutsche Equipe zu olympischem und weltmeisterlichem Gold, er trainierte Nadine Capellmann über 13 Jahre und machte aus ihr eine mehrfache Deutsche Meisterin, Europa-Meisterin und Doppel-Weltmeisterin (2004). Und er schaffte es, die US-amerikanischen Reiter zu einer schlagkräftigen Mannschaft zu formen und sie in die Weltspitze zu bringen.

Kein Grund für den leidenschaftlichen Reiter, Ausbilder und Züchter, sich auf seinen Lorbeeren auszuruhen. Das sich seit längerem abzeichnende Auseinanderdriften von sportlichem Reiten und klassischen Prinzipien veranlasste Klaus Balkenhol Mitte 2005, gemeinsam mit einigen Gleichgesinnten „Xenophon" zu gründen, eine „Ge-

Pferde – hier „Schatzi" – hatten es dem jungen Klaus schon immer angetan.

„Es war eine schöne, aber auch eine harte Zeit", erinnert er sich heute. 20 Mark Monatslohn, mehr gab's damals nicht. „Mein Vater verlangte von mir, den anderen Lehrlingen und Gesellen als Sohn des Verwalters ein Vorbild zu sein." Für den Jungen heißt das: der Erste beim Melken, der Letzte auf dem Feld, „Sohn-Privilegien" gibt es keine. „In dieser Zeit habe ich Disziplin gelernt."

sellschaft für Erhalt und Förderung der klassischen Reitkultur". Die gemeinsam formulierte Zielsetzung entspricht der tiefen Überzeugung des Olympioniken:

„Wir sind in großer Sorge: Die Arbeit mit Pferden im internationalen Turniersport ist vielfach gegen das Wohl des Tieres gerichtet. In den Medien häufen sich die Berichte über tierschutzrelevante Ausbildungs- und Trainingsmaßnahmen. Viele Richter halten sich nicht an die gültigen Grundsätze der klassischen Reitlehre und damit nicht an das weltweit gültige Regelwerk der Internationalen Reiterlichen Vereinigung (FEI): Sie bevorzugen die mechanische Perfektion des in kontrollierter Spannung gerittenen Pferdes gegenüber der Losgelassenheit des gut ausgebildeten Pferdes. Junge Pferde werden aus kommerziellen Gründen übereilt auf Lektionen trainiert. Das Pferd verkommt zur Ware und das Reiten zum Handwerk. Die klassische Reitlehre braucht nicht neu erfunden zu werden. Sie ist über Jahrhunderte genauestens erprobt und durchdacht worden. In den ‚Richtlinien für Reiten und Fahren' der Deutschen Reiterlichen Vereinigung (FN) hat sie Bestand bis heute und gilt auch auf internationaler Ebene der FEI. Wir stellen unmissverständlich klar, dass es zur klassischen Reitlehre zwar einen gewissen individuellen Interpretationsspielraum, jedoch keine grundsätzlichen Alternativen gibt.
Wer diesen uralten Wissens- und Erfahrungsschatz ignoriert und versucht, mit Tricks und technischen Raffinessen schnell zu zweifelhaften Zielen zu kommen, der handelt unverantwortlich: gegen die Gesundheit des Pferdes,

ERSTES REITTRAINING

Trotz der harten Arbeit genießt der junge Klaus die Zeit auf dem Gut. Doch sein drittes und letztes Lehrjahr soll er in einer „Fremdstelle" absolvieren. Er wechselt auf den Hof Wenke im münsterländischen Albachten, wo er – für den pferdebegeisterten 16-Jährigen eine tolle Sache – auf den warmblütigen Arbeitspferden auch „richtig" reiten kann. Zum Training darf er zur Landesreitschule Münster, die seiner-

Auf den Arbeitspferden wurde abends geritten.

Mit Goldstern verband Klaus Balkenhol eine ganz besonders enge Beziehung.

gegen die ethischen Grundsätze und gegen das internationale Reglement. Das Verständnis für die Zusammenhänge zwischen der klassischen Reitlehre und der Gesunderhaltung unserer Pferde ist größtenteils verloren gegangen. Anstatt die Ursachen in der eigenen falschen Reiterei zu erkennen, lassen viele Reiter die Symptome regelmäßig in tierärztlichen Praxen und Kliniken behandeln.

zeit über die einzige Reithalle der Gegend verfügte und die damals von Paul Stecken geleitet wurde. Geritten wurde nach einem langen Arbeitstag, früh am nächsten Morgen ging's wieder aufs Feld – für 60 Mark im Monat, soviel gab's im dritten Lehrjahr. Mehr als am Anfang, aber auch 1956 keine Summe, um sorgenfrei zu leben. „Damals wurde mir klar, dass ich mein Leben selbst in die Hand nehmen musste, dass dies niemand anderes für mich tun würde. Wenn kein Geld mehr da war, gab mir auch keiner was. Und wenn ich schludrig arbeitete, bekam ich keine Anerkennung."

AUF LEBEN UND TOD

Das Reittraining bedeutet Klaus Balkenhol viel. So viel, dass er nach einer intensiven Stunde auf dem springtalentierten Arbeitspferd Harras nicht zugibt, sich böse wund geritten zu haben.

Mit dem Wissen um die schonende Ausbildung verschwindet auch der Sinn für die ästhetische und geistige Schönheit der Reitkunst und für das Gefühl des harmonischen Einklangs mit dem losgelassenen, leistungsbereiten Pferd.
Diese Entwicklungen im Reitsport sind beängstigend. Wir werden dagegen kämpfen und rufen alle Pferdefreunde, die sich den ethischen Grundsätzen der Reiterei und dem klassischen Horsemanship verbunden fühlen, zum gemeinsamen Handeln auf."

Dass dies mehr als nur Worte sind, zeigt Klaus Balkenhols unermüdlicher Einsatz auf Seminaren und Vortragsveranstaltungen rund um den Globus, in denen er immer wieder den Finger in die Wunde legt und sich bemüht, jeden Reiter, jeden Pferdefreund zum Nachdenken zu bringen, ihn zu überzeugen. „Pferde gehören zu meinem Leben wie die Luft zum Atmen", erklärt er seine Passion. „Sie haben nicht nur von Kindesbeinen mein Leben bestimmt und beeinflusst, sie haben mich auch geformt und mir eine Welt eröffnet, die ich ohne die Reiterei vermutlich nie kennengelernt hätte. Ich bin im Laufe der Jahre duldsamer geworden – zumindest gegenüber den Pferden. Ich habe begriffen, dass nicht sie mich, sondern ich sie verstehen lernen muss. Wenn ich in meiner Jugend vielleicht auch mal den schnellen Erfolg, das schnelle Vorwärtskommen im Sattel gesucht habe, so habe ich doch mit der Zeit begriffen, dass alles seine Zeit dauert. Dass nicht der Reiter dem Pferd den Stundenplan vorgeben kann,

„Nicht die Pferde müssen die Menschen verstehen, sondern die Menschen die Pferde."

Er trainiert weiter, Blut in Unterwäsche und Reithose. Zu Hause kühlt er die offenen Wunden heimlich mit Wasser, muss am nächsten Morgen wieder um 6 Uhr seinen Arbeitstag beginnen. Abends wird geritten. Tag für Tag – bis er zusammenbricht und mit einem Krankenwagen in die nächste Klinik gebracht wird, von der Hüfte an abwärts bewegungsunfähig.

In Jugendjahren war Klaus Balkenhol ein forscher Springreiter.

Klaus Balkenhol und Tochter
Anabel „Belli" im fachlichen
Zwiegespräch.

Diagnose: schwere Infektion und
Blutvergiftung. Sechs Wochen
bleibt der junge Mann im Krankenhaus, dann darf er auf Krücken
nach Hause zu den Eltern.
Zweimal erleidet er einen Rückfall,
muss wieder ins Krankenhaus.
„Mein Leben stand damals auf der
Kippe", erinnert er sich 50 Jahre
später.
Doch Klaus Balkenhol schafft es,
kommt mit Hilfe eines Dülmener
Arztes wieder auf die Füße. Und
aufs Pferd. Im Herbst, Monate

nach seinem ersten Klinik-Aufent-
halt, setzt er seine Lehre fort und
beendet sie schließlich mit der be-
standenen landwirtschaftlichen
Prüfung.

sondern das Pferd dem Reiter. Ich bin es diesen wunderbaren Wesen einfach schuldig, ihnen ein wenig zurückzugeben. Pferdegerechte Ausbildung ist ein wichtiger Teil davon, denn sie zeugt von Achtung gegenüber der Kreatur."

Wer Klaus Balkenhol und seine Familie zu Hause in Rosendahl besucht, kann sich dann auch täglich davon überzeugen, dass Pferde dort eine ganz besondere Stellung einnehmen. Sie sind bei Balkenhols mehr als nur Reittiere, mehr als Sportpartner, Zuchtprodukte oder Berufsmittelpunkt – sie sind das finanzielle und auch emotionale Zentrum, um das sich das gesamte Leben der Familie dreht. Von der Küche des Wohnhauses blickt man auf saftige Weiden, von Wohnzimmer und Terrasse direkt aufs Dressurviereck. Kein Raum ist „pferdefrei", überall zeugen Kleinigkeiten von der alles beherrschenden Passion der Balkenhols. In der gemütlichen Wohnküche stapeln sich auf dem Tisch immer die aktuellen Reitsport-Magazine aus aller Welt, an den Wänden hängen Fotos. Und auch im Wandregal neben dem großen alten Kamin, in dem meist ein gemütliches Feuer flackert, stehen mehr Pferde- und Reitsport-Bücher als „pferdefremde" Werke. Selbst das Telefonregister zieren Kopien alter englischer Pferdedrucke.

„Es geht halt nicht ohne", strahlt Klaus Balkenhol, der sogar seine – sehr seltenen – Urlaube mit seiner Frau Judith nicht nur rund um wichtige equestrische Termine einrichtet, sondern es auch im Urlaub nie ganz ohne die edlen Vierbeiner aushält.

> „Klaus Balkenhol kann sich wahnsinnig gut auf Pferd und Reiter einstellen. Er versucht nicht – wie das manche Trainer tun – seine Schüler in ein Schema zu pressen, in eine Schublade, sondern er geht ganz individuell auf jeden einzelnen Reiter und jedes einzelne Pferd ein. Darüber hinaus ist er für mich ein ganz großer Horseman. Das Wohl des Pferdes steht für ihn ganz oben an. Ich habe irrsinig viel bei ihm gelernt."
>
> **PRINZESSIN NATHALIE ZU SAYN-WITTGENSTEIN**
> Dänische Kader-Reiterin, zweimalige olympische Ersatzreiterin, sieben Jahre Ausbildung bei Klaus Balkenhol (heute selbstständig)

DIE ENTSCHEIDUNG

Drei Jahre wird Klaus Balkenhol als Bauer in seinem Beruf arbeiten. Doch dann kommt alles anders. „Als ich eines Tages beim Pflügen mit den Leinen um den Hals hinter den Pferden herstoppelte, habe ich mich gefragt, ob das wirklich das Leben sei, das ich führen wollte." Passend zu den aufkeimenden Zweifeln bekommt der 20-Jährige die Einberufung zur Bundeswehr. Doch „all das Schießen und Töten" ist nicht das Ding des jungen Mannes aus Velen. Er hört, dass man sich den Wehrdienst ersparen kann, wenn man sich für drei Jahre bei der Polizei verpflichtet. „Außerdem gab's da 265 Mark Anfangsgehalt, statt 60 Mark beim Bund." Sein Entschluss steht fest. Er macht die Aufnahmeprüfung – und besteht. Aus dem Bauern wird ein Polizist.

▶ 21 Erziehung zum
      Vertrauen

▶ 23 Pferde stressfrei
      anreiten

▶ 27 Überforderung
      vermeiden

▶ 35 Auswahl des
      passenden
      (Dressur-) Pferdes

ERZIEHUNG ZUM VERTRAUEN

Lange Zeit hatte Klaus Balkenhol, immerhin knapp 30 Jahre als Polizeibeamter im Deutschen Staatsdienst im Großraum Düsseldorf im Einsatz, keine Möglichkeit, selbst Fohlen zu züchten oder anzukaufen und großzuziehen. Es fehlte dazu nicht nur die Zeit, sondern im Umfeld einer Großstadt auch der notwendige Platz. „Der Bauer in mir hat allerdings immer damit geliebäugelt, auch selbst Pferde zu züchten", so Balkenhol. Mit dem Umzug auf den eigenen Hof am Rand des münsterländischen Rosendahl im Jahr 1996 waren die Grundlagen für diesen schlummernden Traum gelegt. Inzwischen tummeln sich immer drei bis sechs Youngster auf den großzügigen Weiden der Reitanlage, einige selbst gezogen, andere hinzugekauft oder zur Aufzucht bei Familie Balkenhol. „Es ist für mich immer wieder faszinierend, Fohlen zu erleben und einen gemeinsamen Weg mit ihnen zu gehen. Ein Pferdeleben wird letztlich bereits in der Jugend geprägt", so der Dressurausbilder. Bei aller Begeisterung für die niedlichen Kleinen legt er jedoch größten Wert auf die richtige Erziehung der Fohlen. „Sie müssen schon von Anfang an lernen zu gehorchen. Diese Erziehung muss – neben der Mutterstute – der Mensch leisten. Allerdings muss dies auf jeden Fall ohne Zwang geschehen, sondern durch duldsames Lehren. Fohlen, die von Anfang an intensiv mit Menschen zusammenleben, von ihnen angeleitet

ZEHN MANN AUF EINER STUBE

Die Zeit in der Polizeischule Münster eröffnet dem jungen Klaus Balkenhol ein neues, ein ganz anderes Leben. Mit zehn Mann auf einer Stube, keine Privatsphäre, Drill, aber auch Kameradentum, Spaß, feste Dienstzeiten und viele unbe-

An die Jugendherbergs-Atmosphäre auf der Stube der Polizeischule musste sich Klaus Balkenhol (re.) erst mal gewöhnen.

Wenn Klaus Balkenhol durch den Stall geht, stecken alle Pferde ihre Köpfe zum Schmusen heraus.

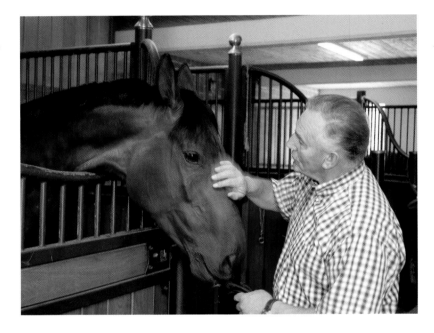

wurden und Vertrauen aufgebaut haben, sind später im Allgemeinen auch problemlos anzureiten."

Um dieses Vertrautsein und damit Vertrauen aufzubauen, geht Klaus Balkenhol täglich in jede Box, in jeden Stall – auch zu den Fohlen. Ein kurzes Streicheln, ein Leckerli und der prüfende Blick, ob alles in Ordnung ist, gehören für den Horseman Balkenhol zum Alltag. Aus-

Bei der Bereitschaftspolizei Bochum war Klaus Balkenhol für die Borgwards zuständig.

kannte Eindrücke. „Es war eine gute, eine prägende Zeit", erinnert er sich fast 50 Jahre später. „Ich habe dort gelernt, dass man sich zwar unterordnen, aber auch, dass man seine eigene Linie durchziehen muss."

Ein Jahr später geht's für den Bauernsohn in die Großstadt nach Essen. Dort, mitten im Ruhrpott, macht er zunächst noch eine Zusatzausbildung an der Polizeischule für Technik und Verkehr, bevor er zur Bereitschaftspolizei Bochum

nahmen davon gibt's nur, wenn „der Chef" auf Reisen ist (in Sachen
Pferden, versteht sich...).

So lernen die Youngster schon von klein auf den Menschen als denjenigen kennen, der ihnen Boss und Freund gleichermaßen ist. „Um
diese Beziehung von Anfang an zu vertiefen, lernen unsere Fohlen
so früh wie möglich, sich ein Halfter anlegen zu lassen, sich führen
und auch anbinden zu lassen. Das Anbinden machen wir meist,
während die Stute ihr Kraftfutter frisst. Wird das Fohlen daneben an-
gebunden, bleibt es im Allgemeinen entspannt stehen und erlernt
diese ungewohnte Freiheitseinschränkung spielerisch und ganz
ohne Druck."

PFERDE STRESSFREI ANREITEN

Das spielerische Element ist für Klaus Balkenhol auch während des
Anreitens der Pferde immens wichtig. Zwang und damit verbundene
Überforderung lehnt er grundsätzlich ab. „Aus diesem Grund gibt es
für mich auch keinen feststehenden Termin, an dem ein Pferd ange-
ritten werden muss. Wir lassen doch auch Kinder in frühen Jahren
nicht arbeiten. Der Zeitpunkt des Anreitens hängt für mich vielmehr
von der psychischen und physischen Verfassung eines Pferdes ab –
und die kann individuell sehr unterschiedlich sein.

kommt und dort als Kraftfahrer bei
der technischen Truppe für drei
Lastwagen der Marke Borgward zuständig ist.

Der Bauernhof, die Pferde und die
Reiterei gehören der Vergangenheit
an. „Ich habe nicht einmal mehr
daran gedacht."

DA WAR DOCH WAS...

In Bochum denkt Klaus Balkenhol
nicht mehr an seine Reiterei. Der
Dienst, die Kollegen, sein Polizei-
Borgward, das neue Gefühl von
„Macht" in Uniform – all das füllt
den 23-Jährigen aus. Bis zu dem
Zeitpunkt, an dem die frischgeba-
ckenen Polizisten den einzelnen
Behörden zugeteilt werden. Balkenhol will nach Coesfeld, näher zu
den Eltern – und wieder näher zu
den Pferden. Doch sein Orts-

Immerhin sind Pferde ja erst im Alter von sieben bis acht Jahren richtig ausgewachsen, Stuten entwickeln sich oft anders als Hengste, große Pferde anders als kleine. Das wird häufig vergessen. Es ist eine Frage von Erfahrung, schon beim Freilauf auf der Koppel zu erkennen, ob ein Pferd fürs Anreiten bereit ist oder ob es noch mehr Zeit für die körperliche und mentale Entwicklung braucht. Leider wird diese Frage heute oft in den Hintergrund gestellt und stattdessen versucht, das Thema Anreiten in ein Schema zu pressen. Dabei geht es dann weniger um die Pferde, sondern mehr ums Geldverdienen."

„Der Zeitpunkt des Anreitens hängt für mich von der psychischen und physischen Verfassung eines Pferdes ab und nicht zwingend von seinem Alter."

Im Stall Balkenhol bekommen die Youngster deshalb die Zeit, die sie brauchen. Meist werden sie erst Ende Dreijährig zum Herbst hin angearbeitet. Am Anfang steht das Longieren, zunächst nur auf Trense und mit Gurt, später dann mit Sattel. Da mit den jungen Pferden bereits in der vorhergegangenen Zeit viel Bodenarbeit (Führen, Anbinden, Longieren am Halfter, Verladen etc.) geleistet wurde, gibt's dabei in der Regel keine Probleme. „Es kann allerdings schon mal sein, dass ein junges Pferd mit dem Reitergewicht noch nicht klarkommt und dies durch extreme Taktschwierigkeiten, Klemmen oder Kopfschlagen zeigt", so Balkenhol. „In einem solchen Fall sollte man einfach die Geduld haben, das Pferd nochmal auf die Weide zu stellen und seine eigene Planung auf später zu verschieben. Wochen oder Monate später können derartige Probleme dann bereits wie von selbst verschwunden sein – einfach nur, weil das Pferd mehr Zeit zum Reifen hatte."

wunsch stößt auf Ablehnung. Dienst am Heimatort? Die Behörde fürchtet Klüngel und Filz. So verschlägt es ihn 1963 in die Kreispolizeibehörde Mettmann nach Hilden. Den Landwirt kann er trotzdem nicht ganz ablegen und sucht sich ein Zimmer auf einem Bauernhof im benachbarten Langenfeld. „Bei Schork, einer sehr netten Familie, wohnte ich zu

Gerne hätte Klaus Balkenhol (hier im Kreise seiner Familie, 2.v.re.) seinen Dienst am Heimatort antreten.

Überhaupt liegt der Faktor Zeit dem Olympioniken sehr am Herzen. „Egal auf welcher Stufe der Ausbildung man sich befindet: Man darf weder sich, noch sein Pferd unter irgendeinen Zeitdruck setzen. Die Dinge dauern halt so lange sie dauern. Manchmal kürzer und manchmal eben länger. Selbst bei jungen Pferden, die scheinbar alles von sich aus anbieten, muss man vorsichtig sein und sorgsam

Der „Chef" hält immer ein Auge darauf, dass seine Mitarbeiter die jungen Pferde altersgemäß anreiten und nicht überfordern.

95 Mark inklusive Verpflegung. Und nach Dienstschluss habe ich in der Landwirtschaft geholfen." Der junge Mann ist glücklich. Bis 1967 tut er in Hilden Dienst als Streifenpolizist – ohne überhaupt eine richtige Vorstellung von irgendwelchen Reiterstaffeln zu haben. „Ich dachte, die sind da blöde und machen nur so 'nen komischen Kram", grinst er heute. Allerdings trifft er einen Messermacher, der jemanden zum Reiten seiner Pferde sucht. So kommt

Balkenhol in dessen Stall – und macht dort eine schicksalsschwere Begegnung.

JUDITH

Sie ist erst 15 Jahre jung. Schlacksig, dürr und pferdebegeistert. Judith Pfeiffer, Tochter aus gutbürgerlichem Hause. Der Vater ist im Innenministerium beschäftigt, die Mutter Hausfau. Dass Judith einmal Frau Balkenhol werden sollte, ahnt damals keiner der beiden.

Judith Balkenhol war schon als Teenie eine begeisterte Reiterin.

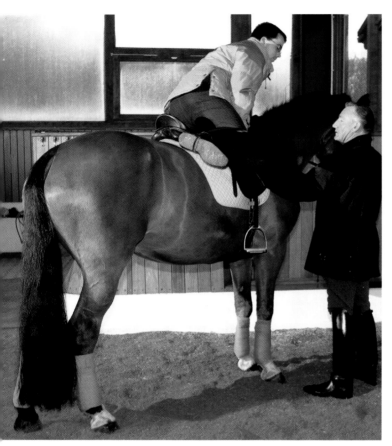

Auch das erste Aufsteigen geschieht im Stall Balkenhol in größter Ruhe. Dazu werden die Pferde im Allgemeinen in eine Ecke mit dem Kopf zur Bande gestellt. Während Balkenhol das Pferd festhält und lobt, steigt der Bereiter ruhig auf. Anschließend hält der Chef es noch so lange fest, bis der Reiter im Sattel Platz genommen hat, dann führt er den Youngster ein paar Meter an.

Am 30. August 1968 geben sich Judith und Klaus das Ja-Wort

Die beiden jungen Leute lernen sich auf dem Reitplatz kennen. „Als ich ihr ein paar Tipps geben wollte, ritt sie mich erst mal genervt über den Haufen", lacht Balkenhol. „Danach verstanden wir uns prächtig, da wir beide Pferde liebten. Aber mehr war anfangs nicht."
Das ändert sich jedoch rasch. Aus der anfänglichen Freundschaft wird Liebe. Fünf Jahre später, am 30. August 1968, wird geheiratet. Judith ist gerade mal 20, ihr Mann 29 Jahre alt.

vorgehen. Denn auch solche Pferde sind noch ‚Kinder', ihnen fehlt noch die echte Kraft, das, was sie aus Talent anbieten, auch wirklich echt auszuführen." Bestes Beispiel ist hier für Klaus Balkenhol die Versammlungsfähigkeit eines Pferdes. Wer Versammlungsfähigkeit mit ausgereifter Tragkraft verwechsle und dann zu früh Versammlung verlange, ende nicht selten in einem ‚dicken Problem'. „Bevor ein Pferd sich richtig versammeln kann, muss es erst durch systematische Gymnastizierung gemäß der Skala der Ausbildung stark gemacht werden. Alles andere führt früher oder später in eine Sackgasse. Und die kann bestehen aus Widersätzlichkeit, Unlust, Triebigkeit, Unrittigkeit bis hin zu Krankheit. Es ist deshalb die vornehmste Pflicht eines Ausbilders zu erkennen, wann ein Pferd von Kopf und Körper her in der Lage ist, das Geforderte zu erfüllen."

„Ein Pferd muss von Kopf und Körper her in der Lage sein, seine Aufgaben zu erfüllen."

ÜBERFORDERUNG VERMEIDEN

Um Überforderung zu vermeiden und das Pferd trotzdem langsam zu Kraft und Kondition zu arbeiten, geht Klaus Balkenhol beim Anreiten der jungen Pferde nach einer Art Drei-Phasen-System vor. Am Anfang, also in Phase eins, steht die allgemeine Gewöhnung, die bereits im Fohlenalter beginnt und später dann bis Ende Zweijährig intensiviert wird (inklusive Longieren am Halfter). Phase zwei besteht

DIE REITERSTAFFEL

Es ist Judith Balkenhol, die schon vor der Heirat das Thema Reitstaffeln erneut aufbringt. Ihre Pferdebegeisterung ist ansteckend.
Das Paar, das nun in Hilden im Haus der künftigen Schwiegereltern wohnt, verbringt viele dienstfreie Wochenenden auf den großen Reitturnieren im Lande.
Aachen, Wiesbaden, Hamburg – mit staunenden Augen stehen die beiden an den Abreiteplätzen und beobachten die Großen der Reiterei. Hier nimmt die Idee „Reiterstaffel" konkretere Formen an. Balkenhol bewirbt sich 1967 bei der Ausbildungsstaffel in Köln – und wird genommen.

Judith Balkenhol: Hinter dem scheuen Blick verbarg sich schon damals ein starker Charakter.

aus dem Anreiten an sich (Gewöhnung an Trense, Sattel und Reitergewicht) und den ersten sechs Monaten der Ausbildung. In dieser Zeit werden die Pferde in der ersten Woche nach dem ersten Aufsteigen zunächst jeden Tag kurz geritten (nur wenige Runden, anfangs von einem Helfer geführt, später selbstständig). Sobald das Gesattelt- und Gerittenwerden für sie nichts Außergewöhnliches mehr darstellt, wird das Reiten auf zwei- bis dreimal pro Woche reduziert. Die übrige Zeit stehen Longieren, Freispringen und natürlich Weidegang bzw. Paddock auf dem Lehrplan. Phase drei beginnt, je nach Reife-

HILFSZÜGEL BEIM ANREITEN?

„Vom Anreiten mit Hilfszügeln halte ich nicht viel. Ein junges Pferd benötigt seinen Hals zum Ausbalancieren – das eine mehr, das andere weniger. Manche Pferde lassen schon beim ersten, zweiten Gerittensein den Hals fallen, andere brauchen dazu Tage oder Wochen. Schnallt der Reiter hier schon von Anfang an Hilfszügel auf, hindert er das junge Pferd nur daran, sich auszubalancieren. Die dadurch entstehende Verkrampfung verschlimmert das Balanceproblem, statt es zu lösen. Gänzlich abzulehnen sind deshalb Schlaufzügel oder Ausbinder beim Anreiten. Neigt ein Pferd zum Kopfschlagen, kann man vorübergehend ein Martingal einsetzen. Bleibt das Problem bestehen, muss Ursachenforschung betrieben werden. Hat das kopfschlagende Pferd kein gesundheitliches Defizit, kann es auch sein, dass es fürs Anreiten einfach noch zu früh ist. Dann muss man ihm halt einfach noch ein wenig mehr Zeit lassen."

IN KÖLN NOCH FERN DER KLASSIK

In Köln ist einer der Polizei-Reitlehrer der Ex-Frisörmeister Grimm. „Ihr müsst vorne ziehen, dann geht der Kopp runter", lautet eine seiner Anweisungen.
Es geht recht „unklassisch" zu.
Und nach festen Regeln. Die „Neuen" dürfen nur auf die alten Pferde. Balkenhol bekommt Ikarus zugeteilt, einen gefürchteten Buckler mit Herzfehler, der alle in den Sand setzt. Der Bauernsohn bemerkt, dass Ikarus' alter Sattel drückt und schwatzt dem Geschirrmeister einen anderen ab, mit dem Ikarus auf einmal wie ein Glöckchen geht.
Den Vorgesetzten fällt auf, dass der junge Mann aus dem Münsterland offenbar etwas von Pferden versteht. Von nun an darf er Remonten reiten, darunter Ferdi, der eigentlich schon einen Termin beim Schlachter hat weil er nur steigt und sich danebenbenimmt.

grad und Entwicklung, etwa im zweiten Halbjahr des Gerittenseins, also ungefähr Anfang Vierjährig. Ab diesem Zeitpunkt werden die Jungpferde mehr und mehr unter dem Sattel gefestigt, bis sie etwa eine halbe bis dreiviertel Stunde täglich geritten werden. Zusätzlich – immerhin ist nun wieder Frühjahr – geht's ins Gelände und auf die Weide.

Die Vorwärts-Abwärts-Haltung gehört im Balkenhol' schen Training nicht nur für die jungen Pferde (Foto 1, Anabel Balkenhol auf einer fünfjährigen Stute), sondern auch für die ausgebildeten Grand Prix-Pferde (Foto 2, US-Reiter Steffen Peters auf Floriano) zur gymnastischen Grundlage.

„Diese Art des Anreitens dauert vielleicht ein bisschen länger, als es in manch anderen Ställen gehandhabt wird, aber ich habe nur gute Erfahrungen damit gemacht. Ich bin grundsätzlich gegen die ‚reiterliche Schnellbleiche‘, denn damit läuft man immer Gefahr, die Pferde zu verheizen. Natürlich gibt es heute viele Dreijährige, die ausse-

Polizei-Oberwachtmeister Balkenhol erkennt, dass der arme Ferdi unter extremen Haken auf den Zähnen leidet.
Es herrscht jedoch damals die Einstellung, die müsse sich ein Pferd schon selbst abkauen, dafür gibt's keinen Tierarzt.
Kurzerhand nimmt Balkenhol eine Hufraspel und legt selbst Hand an. Ein Glück für Ferdi, denn plötzlich ist er reitbar. „Ich habe ihm damit das Leben wohl um ein paar Jahre verlängert."

ÜBER UMWEGE NACH DÜSSELDORF

Am Ende seiner Kölner Ausbildungszeit hat es sich schon allgemein rumgesprochen, dass der Mann aus dem Münsterland ein ganz guter Reiter ist. Er wird zur Polizeireiterstaffel nach Wuppertal versetzt, soll Reiter und Pferde dort reiterlich ein wenig auf Vordermann bringen. Doch Balkenhol fühlt sich nicht recht wohl. Es gibt keine Reithalle, echtes Training ist

„Es ist wichtig, frühzeitig die Signale eines Pferdes zu erkennen."

hen, als seien sie doppelt so alt und die auch schon so gearbeitet werden. Doch die meisten dieser Pferde tauchen später nie mehr auf." Damit dies nicht geschieht, achtet Klaus Balkenhol auf jedes seiner Pferde und die seiner Schüler, lauscht quasi unaufhörlich in sie hinein. „Selbst wenn etwas in die falsche Richtung geht", so weiß er, „laufen Pferde erst einmal weiter. Man muss frühzeitig ihre Signale kennen, deuten und entsprechend reagieren."

Die Signale, darunter versteht Klaus Balkenhol:

> ▸ ungewohnte Widersätzlichkeit,
> ▸ plötzliche vermeintliche „Sturheit",
> ▸ Nervosität,
> ▸ Verspannung,
> ▸ Zähneknirschen,
> ▸ Schweifschlagen,
> ▸ dauernd angelegte Ohren.

„Jedesmal, wenn sich ein Pferd deutlich anders gebärdet, als es dies normalerweise tut, kann dies ein Hinweis auf physische und psychische Überforderung sein. Ein Pferd antwortet eben immer auf die ihm eigene, natürliche Art. Wenn ein junges Pferd zum Beispiel seinen Kopf plötzlich nach oben entzieht, ist – immer vorausgesetzt, dass Sattel und Trense passen und die Zähne keine Schwierigkeiten machen – meist seine Rückenmuskulatur überanstrengt. Wer sich an

---

„Mich fasziniert, dass sich Klaus Balkenhol auf jedes Pferd einstellen kann. Er hat eine schier unendliche Ruhe und kann wohl jedem Pferd etwas beibringen und es fördern."

CAROLA KOPPELMANN
B-Kaderreiterin,
Berufsreiterin

---

nicht möglich, die Pferde stoppen bei den Streifenritten erstaunlich freiwillig an Kiosken und Trinkhallen, und die Kollegen sind für Balkenhols Geschmack ein etwas zu lebenslustiger Haufen.
Er jedoch will ernsthafter arbeiten, ernsthafter reiten.
„Ich wollte da weg, habe mich um eine Versetzung zur Polizeireiterstaffel Düsseldorf bemüht."
Sein Wunsch wird Ende der 60er-Jahre erfüllt, nicht zuletzt über ein wenig „Vitamin B" des Schwieger-

vaters. Das ermöglicht zwar die Aufnahme in Düsseldorf, macht sie aber nicht leichter. Die Kollegen empfangen den Neuling mit Skepsis. Vor

**Staffelführer
Otto Hartwich**

allem die „Platzhirsche", die in der Staffel als die erfahrenen Reiter gelten, lassen den Neuling, der Beziehungen hat und auch noch ein

dieser Stelle mit dem Pferd anlegt und es nach dem Motto ‚da muss er jetzt durch' weiterarbeitet, riskiert eine Übersäuerung der Muskulatur – übrigens eines der häufigsten Probleme in der Ausbildung junger Pferde. Statt also Zwang auszuüben, tut man besser daran, eine Pause einzulegen oder gleich einen ganzen Gang zurückzuschalten.

Auf lange Sicht gesehen führt das schneller zum Ziel. Auch Zähneknirschen, Schweifschlagen oder angelegte Ohren deuten auf Unzufriedenheit hin, deren Ursache der Reiter herausfinden muss, um zum Erfolg zu kommen und Harmonie zu erreichen. Das heißt aber natürlich nicht, dass man es in der Ausbildung an Konsequenz oder

„Statt Zwang auszuüben, tut man gut daran, eine Pause einzulegen oder einen Gang zurückzuschalten."

Entspannte Pausen am langen Zügel – hier Nathalie zu Sayn-Wittgenstein auf Digby – sind nach Balkenhols Ansicht für Kopf und Körper des Pferdes wichtig.

guter Reiter sein soll, Ablehnung spüren.

Hilfe und Unterstützung findet Balkenhol jedoch bei Staffelführer Otto Hartwich (Bild links), der dem strebsamen jungen Reiter ein väterlicher Freund wird.

„Von ihm habe ich unendlich viel übers Reiten und über Pferde gelernt, er hat mich sehr geprägt. Als ehemaliger Ausbilder der Kavallerieschule Hannover verfolgte er die klassische Reiterei bis ins kleinste Detail, er war streng mit den Pferden, aber nie ungerecht oder böse.

Er hatte eine unendliche Geduld und konnte jedes Pferd zum Tanzen bringen und das ohne großen Aufwand.

Er hat mir beigebracht, dass vor jeder Lektion die Basisarbeit steht. Hartwich kannte die Zusammenhänge der Pferdeausbildung und konnte sie wie ein Orchester zu einem Konzert zusammenführen. Er war kein Turnierreiter, eher ein Künstler."

Dasselbe Pferd wenig später in der Arbeitsphase: einmal in einer lockeren Verstärkung...

„Man muss bei allem Training, allem Ehrgeiz ein Pferd immer ein Pferd sein lassen."

manchmal auch Strenge mangeln lassen sollte. Doch dies muss immer angemessen sein und darf nie außer Acht lassen, dass ein Pferd – bei allem Training, allen reiterlichen Zielen – immer ein Pferd ist und als solches reagiert. Das ist sein Wesen."
Klaus Balkenhol weiß, wovon er redet. In seiner aktiven Laufbahn und auch als Trainer und Coach hatte er es oft mit Pferden zu tun, die es – bei allem Talent und Genie – ihrem Reiter nicht immer einfach gemacht haben. Goldstern, das olympische Polizeipferd, war ein „heißer Ofen". Balkenhols Gracioso, der später Nadine Capellmann zu internationalen Erfolgen trug, war kein einfaches Pferd.

EINSTIEG MIT HEIDI

Otto Hartwich versteht, dass der junge Mann aus dem Münsterland mehr will, als nur ein Streifenpolizist zu Pferd sein. Balkenhol reitet bis dato ein ländliches L-Niveau, ist aber begierig, dazuzulernen. Hartwich gibt ihm sein Staffelpferd Donaumädel zu reiten, eine Han-

Polizeimeister Balkenhol als 25-Jähriger mit „Heidi"...

... einmal in höchster Versammlung. Intensität und Schwerpunkte der Arbeit werden unter anderem vom Charakter des Pferdes vorgegeben.

Und Farbenfroh, der spätere Doppel-Weltmeister, hatte ebenfalls seinen eigenen Kopf.

Die Individualität jedes Pferdes zu erkennen, zu akzeptieren und entsprechend darauf einzugehen ist eine große Kunst und erfordert eine reife Persönlichkeit. „Jedes Pferd hat seinen eigenen Rhythmus. Ich könnte über jedes von ihnen ein eigenes Buch schreiben."

Dieser eigene Rhythmus gibt dann auch das „Ausbildungs-Tempo" vor, also die Zeit, in der die Anforderungen gesteigert werden. Balkenhol: „Ich messe dies daran, inwieweit das jeweilige Pferd durch die Arbeit gekräftigt ist. Es gibt Pferde, die sind recht früh entwickelt

„Ich könnte über jedes Pferd, das ich geritten habe, ein eigenes Buch schreiben."

noveraner-Stute von Goldfisch. „Heidi, so nannten wir sie, war ein tolles Pferd mit wunderschönen Bewegungen", erinnert sich Klaus Balkenhol heute. Für ihn, den Neuling in Düsseldorf, ist es eine große Ehre, gerade dieses Pferd reiten zu dürfen. Im Rahmen der polizeilichen Bestimmungen – fünf Turniere pro Jahr im Polizeibezirk Düsseldorf – darf er Heidi in L-Dressuren vorstellen.

... und später bei ersten L-Erfolgen

„Dressurtraining heißt, ein Pferd seiner Veranlagung und seines Einsatzes entsprechend zu arbeiten."

und denen fallen die gestellten Aufgaben unter dem Sattel leichter. Andere wiederum brauchen mehr Zeit, weil sie vielleicht ungleicher wachsen, extrem groß werden oder in ihrer ‚geistigen Reife' ein wenig zurück sind. Ich habe deshalb für die Ausbildung kein Rezept mit genauen Zutaten, sondern versuche lediglich, den roten Faden niemals aus den Augen zu verlieren. Und der ist für mich immer die Ausbildungsskala in Verbindung mit dem Individuum Pferd – und als Coach natürlich auch mit dem Individuum Reiter.

Die Schulung des Reiters sollte eigentlich schon weit fortgeschritten sein, wenn es um die Ausbildung eines jungen Pferdes geht. Heute beobachtet man aber leider immer häufiger, dass sich auch unerfahrene Reiter ein junges Pferd anschaffen, um es zu reiten und auszubilden. Dass dies nicht klappen kann, ist eigentlich logisch. Denn immerhin besteht zwischen Pferd und Reiter zunächst mal keine gemeinsame Sprache. Die müssen beide erst erlernen, und das geht natürlich nur, wenn mindestens einer von beiden diese Sprache auch perfekt beherrscht. Ich kann aus diesem Grund also immer wieder nur empfehlen – auch im Sinne der Pferde –, sich immer nur ein solches Pferd zuzulegen, dessen Ausbildungsstand zum eigenen Können passt. Je weniger ich als Reiter weiß und kann, desto mehr muss ich vom Pferd lernen können. Je mehr ich als Reiter kann, desto eher kann ich einem Pferd etwas beibringen. Und auf dem Weg dahin sollte man sich trotzdem immer helfen lassen von denjenigen, die vielleicht noch ein wenig mehr können."

Klaus Balkenhol (hinten) auf Heidi und sein früherer Kollege Josef Offermann auf Tosca bei einem Pas-de-Deux

AUSWAHL DES PASSENDEN (DRESSUR-)PFERDES

Dass eine dressurmäßige Grundausbildung für jedes Pferd eine optimale Vorbereitung auf eine „Karriere" als Reitpferd ist, egal für welche Disziplin, ist nicht neu und stellt auch für Klaus Balkenhol keinen Diskussionspunkt dar. „Natürlich sollte jedes Pferd eine solide Dressurausbildung genießen, denn dies fördert zum einen seine Rittigkeit und zum anderen damit auch seine Gesundheit. Dressurtrai-

Das erste Polizeipferd, das Dressurkarriere machte: Rabauke unter Klaus Balkenhol 1977 schon ein moderner Dressur-Typ

INS PFERD HORCHEN

Auf Heidi, die vor ihrer Pensionierung nochmal einem jüngeren Kollegen das Reiten beibringen sollte, folgte Liebeslust, genannt Tosca – eine sehr schwierige Schimmelstute von Jason xx. Sie zeigt dem jungen Balkenhol erst einmal, wie schwierig und frustrierend die Reiterei sein kann. Unter ihm nimmt sie auf Trense den Kopf kaum runter, unter Hartwich geht sie schon beim Aufsitzen durchs Genick.

Balkenhol grübelt. Was mache ich falsch? Hartwich reitet mit Tosca alle Lektionen scheinbar spielerisch und ohne Mühe.

„Das wollte ich auch können", so Balkenhol.

Sein Lehrmeister gibt ihm den Tipp, ins Pferd hineinzuhorchen, um die richtigen Hilfen zum richtigen Zeitpunkt geben zu können. Sein Versprechen: „Wenn Sie das können, haben Sie einen Teil der Pferdesprache verstanden."

„Aus manchem hässlichen Entlein kann bei guter Ausbildung ein schöner Schwan werden."

ning heißt ja nicht, dass jedes Pferd bis Grand Prix ausgebildet werden muss, sondern dass es entsprechend seiner Veranlagung und seines Einsatzes gearbeitet wird. Eignet es sich nicht für eine ,höhere Laufbahn', um hier mal den Vergleich aus dem Beamtenrecht zu nutzen, dann muss man es auch nicht auf Teufel komm raus quälen. Es wird ja auch nicht aus jedem Kind, das auf dem Klavier den Flohwalzer spielen kann, ein Mozart."

Doch woran erkennt man, ob es beim Flohwalzer bleibt oder ob ein vierbeiniger Youngster nicht doch zu Höherem geboren ist? Eine Frage, mit der sich Klaus Balkenhol sein Leben lang beschäftigt hat. „Drei-, vierjährige oder gar noch jüngere Pferde zu beurteilen und bereits in diesem Alter vorauszusagen, ob aus ihnen mal ein internationaler Grand Prix-Sieger werden kann, ist unglaublich schwierig, beinahe unmöglich. Wer behauptet, dies bei einem Dreijährigen bereits zu wissen, schummelt. Denn es gibt Pferde, die scheinbar alles mitbringen, dann aber, selbst unter den besten Ausbildern, irgendwo auf dem langen Weg scheitern, weil sie vielleicht doch irgendwo ein Problem oder eine Grenze haben. Dann gibt es noch unzählige Pferde, die durch unsachgemäße Ausbildung in der Versenkung verschwinden, während andere, die anfangs vielleicht eher unauffällig sind, bei guten Ausbildern den Weg vom hässlichen Entlein zum schönen Schwan beschreiten."

Ein Granat unter Christine Stückelberger war so ein Pferd, ebenso wie ein Gigolo unter Isabell Werth oder auch ein Rabauke unter

LEHRMEISTERIN TOSCA

Balkenhol lernt die Pferdesprache. Stück für Stück, Vokabel für Vokabel. Tosca wird zu seiner besten Lehrmeisterin. Sie bestraft jeden Reiterfehler, ist weniger nachsichtig als Oleander, ein weiteres Polizeipferd, das Balkenhol reiten darf. Der Wallach ist zwar ein ziemliches

Dass Polizeipferde auch springen können bewies Klaus Balkenhol in den 70er-Jahren mit dem Wallach Oberon.

Klaus Balkenhol. Optisch vielleicht keine Schönheiten, anatomisch nicht unbedingt perfekt – aber ausgestattet mit hervorragenden Grundgangarten und, was oft beinahe mehr zählt, einem außergewöhnlichen Interieur, sprich Wesen.

Klaus Balkenhol mit dem leider viel zu früh gestorbenen Little Big Man, einem Pferd mit bestem Interieur und viel Talent.

„Steiftier", lernt aber alle Lektionen und reagiert einfacher und nachsichtiger auf die Reiterhilfen.

Die Erkenntnisse, die Balkenhol auf ihm macht, kann er auf Tosca umsetzen.

Auch Sultan, der Schimmel eines Kollegen, ist kaum durchs Genick zu reiten. Die Frage nach dem Warum bringt Klarheit. Das Pferd leidet an den Folgen einer früheren Kolik-OP, hat chronisch Schmerzen in der Bauchmuskulatur und gibt deshalb den Rücken nicht her.

Balkenhol arbeitet ihn sorgsam, schafft es, durch vermehrtes Heranholen der Hinterhand Sultans Muskulatur zur entlasten.

Balkenhol: „Plötzlich wusste ich, dass ich so auf dem richtigen Weg bin. Mit der Fähigkeit, Sultan und Tosca zu reiten, wuchs auch die Fertigkeit, andere Pferde zu reiten."

Auch im Springsattel ist der ehrgeizige Polizeireiter erfolgreich, unter anderem mit dem imposanten Wallach Oberon.

Die Chemie zwischen Reiter und Pferd – hier Balkenhol und US-Team-Pferd Kingston – muss stimmen.

LIEBE AUF
DEN ERSTEN BLICK

Drei Jahre ist Balkenhol nun schon bei der Polizeireiterstaffel Düsseldorf, reitet hin und wieder A- und L-Dressuren, ab und zu auch mal ein A-Springen. Ansonsten stehen Reittraining, Streifenritte und berittene Einsätze bei Fußballspielen, Demonstrationen oder im Karneval auf dem Programm.

Klaus Balkenhol ist 31 Jahre alt, als ihn Staffelführer Otto Hartwich mit zur Remonteabteilung der Polizeireitschule Köln nimmt, wo die Youngster, gekauft als Zweieinhalbjährige, ein Jahr lang in die Grundlagen des Polizeipferd-Dienstes eingeweiht werden, bevor sie an die einzelnen Staffeln gehen. Balkenhol darf sich ein Pferd aussuchen. Seine Wahl fällt auf einen unauffälligen Fuchs, der gerade in der Schmiede steht.

„Ich fand ihn auf Anhieb schön, und er hatte ein zutrauliches Wesen."

„Für mich zählen deshalb neben guten, taktsauberen Bergauf-Grund-
gangarten und einer natürlichen Versammlungsbereitschaft vor
allem: Charakter und Persönlichkeit. Ein Pferd muss ein gutes Auge
haben, sensibel sein, beherzt und gutmütig im Umgang. Es sollte
‚seine' Menschen mögen, dann wird es auch bereit sein, für sie
Leistung zu bringen."

*„Die Augenblicke der un-
sichtbaren Kommunika-
tion zwischen mir und
den Pferden haben für
mich etwas Magisches."*

Dass die Balkenhol'schen Vierbeiner „ihren" Menschen mögen, kann
man nicht nur ahnen, man kann es spüren. Wenn der Meister den
Stall betritt, geht ein wahrer Ruck durch die Pferde. Ohren werden
gespitzt, Ruhe breitet sich aus, und voller Vertrauen suchen sie alle
die Nähe zu ihrem Herrn. „Ich genieße diese Augenblicke, vor allem
am Abend, wenn ich kurz vor dem Schlafengehen alleine einen ab-
schließenden Kontrollgang durch den Stall mache. Diese unsichtbare
Kommunikation, dieses innere Lauschen – das hat für mich schon
etwas Magisches."

Doch natürlich reicht es nicht aus, wenn Pferd und Reiter sich bloß
mögen. Sie müssen auch zueinander passen. „Das ist für das gemeinsame Fortkommen natürlich auch sehr wichtig", betont Balkenhol. „Dabei sollten Pferd und Reiter voneinander profitieren können,
das heißt, dass ein unerfahrener Reiter sich die Erfahrung eines gut
ausgebildeten Pferdes zunutze machen sollte. Und ein unerfahrenes
Pferd lernt besser und nachhaltiger, wenn es von einem erfahrenen
Reiter geritten wird. Erfahrung ist in der Reiterei durch nichts zu er-
setzen. Wenn das alles passend zueinander kommt, dann muss nur

Dass sich der Wallach mit Namen
Rabauke auch noch gut bewegen
kann, sieht Klaus Balkenhol erst
später – und auch, dass der Fuchs
bereits einen Zungenfehler hat.
Im Herbst 1971 zieht Rabauke
dreieinhalbjährig in die Düsseldor-
fer Stallungen um. Der Beginn
einer außergewöhnlichen Karriere.

**Rabauke und Klaus Balkenhol wurden ein
eingespieltes Team.**

„Man sollte Pferde lie-
ben, um ihnen in jeder
Phase ihres Lebens
gerecht zu bleiben."

SKALA DER AUSBILDUNG

► Takt
► Losgelassenheit
► Anlehnung
► Schwung
► Geraderichtung
► Versammlung

►► Durchlässigkeit

noch die Chemie zwischen Reiter und Pferd stimmen." Prominentes Beispiel: der Wallach Beauvalais, einst im Besitz der Deutschen Olympionikin Heike Kemmer. Obwohl selbst eine Top-Reiterin, pass-te es zwischen ihr und dem Braunen nicht hundertprozentig, sie ver-kaufte ihn. Über Umwege kam er zur Spanierin Beatrice Ferrer-Salat, die ihn ausprobierte und sofort für sich entschied: Das ist mein Pferd. Ein richtiges Gefühl: Gemeinsam stießen die beiden in die Weltspitze vor, krönten ihre Partnerschaft mit olympischer Einzel-Bronze.

Talent bei Pferd und Reiter, die passende „Chemie" zwischen beiden, tolle Grundgangarten, Ehrgeiz und „Biss"– all das wird aber nach Ansicht Klaus Balkenhols nicht zu wahrem Erfolg führen, wenn nicht über allem die Achtung vor der Kreatur, dem Lebewesen Pferd steht. „Man sollte Pferde lieben, um ihnen in jeder Phase ihres Le-bens gerecht zu bleiben. Der Reiter darf niemals den eigenen Ehr-geiz über ihre Bedürfnisse stellen und er muss viel über sie wissen, über ihre Eigenheiten als soziale Wesen und natürlich, vor allem wenn man sportlich reitet, ihre körperlichen Gegebenheiten. Erst wer die Zusammenhänge zwischen Anatomie, Physiologie, Psycholo-gie und Training des Pferdes versteht, kann es verantwortungsvoll fördern. Unabdingbar dazu gehört für mich die Orientierung an der Ausbildungsskala. Nur diese in Jahrhunderten systematisierte und von der Anatomie des Pferdes vorgegebene Methode garantiert eine pferdeschonende und vor allem natürliche Ausbildung."

Balkenhol (links) nutzte die
Streifenritte im Wald auch fürs
Dressurtraining

TRAVERSALEN IM WALD

Auf Rabauke kann Balkenhol end-lich umsetzen, was er auf den vie-len anderen Pferden zuvor gelernt hat. Er trainiert fleißig, sowohl im morgendlichen Unterricht als auch während der Streifenritte im Gra-fenberger Wald. Die anderen fei-xen, er reite „wie der Spilles" – ein Kollege, der ebenfalls überall Lek-tionen übt. Der Einsatz lohnt sich. Das erste Turnier des künftigen Dream-Teams Balkenhol/Rabauke

DIE SKALA DER AUSBILDUNG IN DER TÄGLICHEN PRAXIS

▸ 42 Gracioso und der Takt

▸ 52 Goldstern und die Losgelassenheit

▸ 59 Anlehnung – leicht wie Farbenfroh, fest wie Rhodomo

▸ 67 Vom schwunglosen Oleander

▸ 79 Geraderichtung – eine unendliche Geschichte

▸ 86 Von der Versammlung zum Tanz

GRACIOSO UND DER TAKT

„Die wenigsten angeblichen ,Neuerungen' sind wirklich neu, sondern bereits vor Jahrhunderten wieder verworfen worden."

Im Laufe seiner Reiter- und Trainertätigkeit hat Klaus Balkenhol bereits eine Unmenge national und international erfolgreicher Pferde herausgebracht. Sie alle hat er nach den klassischen Grundprinzipien der Ausbildungsskala gefördert. Ohne Wenn und Aber. Neumodische Strömungen lehnte der Mann aus dem Münsterland stets ab – nicht, weil er nicht mit der Zeit geht, sondern weil er in seinem Reiterleben schon viel hat kommen und gehen sehen. Menschen, Methoden und Merkwürdigkeiten. „Manchmal schaue ich mich um und wundere mich", erklärt er beim Plausch am Kamin. „Es wird so viel Neues in der Reiterei ausprobiert, dass dabei vergessen wird, dass sich die Pferde in den letzten Jahrhunderten und Jahrtausenden nicht so grundlegend geändert haben. Und richtig neu sind diese angeblichen Neuerungen dann meist auch nicht. Das Meiste wurde schon vor Jahrzenten oder gar Jahrhunderten ausprobiert und dann wieder als unbrauchbar verworfen." Aus diesem Grund bleibt auch Klaus Balkenhol – wie vor ihm andere große Meister – den auf langjährigen Erfahrungen basierenden und bewährten Methoden treu. „Die Ausbildungsskala mit ihren Anforderungen an Takt, Losgelassenheit, Anlehnung, Schwung, Geraderichtung und Versammlung ist für mich der rote Faden, der aus einem Fohlen erst ein gutes Reitpferd macht", betont Balkenhol. „Dabei gilt die Skala natürlich nicht

1972 ist die Familie komplett: Tochter Anabel, genannt Belli, wird geboren.

– die Kreismeisterschaft im rheinischen Eggerscheid – endet mit einem Sieg. „Mein bisher größter Erfolg", so Balkenhol.
Das stimmt nicht ganz. Einen anderen, noch größeren erlebt er 1972 gemeinsam mit seiner Frau Judith: die Geburt von Tochter Anabel. Das „arme Kind" wird von seinen pferdebegeisterten Eltern von Anfang an mit zu den Turnieren genommen. „Was mir aber nicht geschadet hat", lacht die passionierte Reiterin heute.

nur für die Ausbildung junger Pferde, sondern ist **das** Gerüst der Reiterei überhaupt. Egal wie weit ein Reiter ist, egal wie gut oder schlecht gefördert ein Pferd ist – dieses Gerüst muss sorgsam aufgebaut und immer wieder überarbeitet werden, auch bei älteren Pferden. Notfalls muss man ganz zurück zur Basis, um Erfolg zu haben. Und wenn dies heißt, dass man wieder ganz von vorne, also beim Takt anfängt."

„Notfalls muss man zurück zur Basis, um Erfolg zu haben."

Taktsichere Grundgangarten wie hier im Schritt erleichtern den Einstieg in eine Dressurkarriere.

SIEGE IN MÜNSTER

Den ersten Siegen folgen weitere, zunächst in M, dann in Klasse S. 1976 erscheint in der Verbandszeitung „Rheinlands Reiter Pferde" erstmals ein Artikel über den „reitenden Polizeibeamten". Balkenhol nennt fürs Turnier der Sieger in Münster, was einige sei-

Ein strahlender Klaus Balkenhol nach einem Sieg in Klasse S in Heiligenhaus, seinem zweiten des Tages auf Rabauke.

„In Gracioso habe ich ein Pferd mit ganz viel Energie und tollen Momenten in der Versammlung gesehen."

Klaus Balkenhol führt in diesem Zusammenhang gerne Gracioso, das spätere Erfolgspferd von Nadine Capellmann, an. Der Fuchswallach war bereits durch mehrere Hände gegangen, als Balkenhol ihn 1993 achtjährig erwarb. „Er war schwierig", erinnert sich sein Entdecker und Ausbilder. „Er hatte einen stampfenden, wenig raumgreifenden Trab mit der Neigung, den Takt zu verlieren, und Problemen, nach vorn zu gehen. Außerdem einen schlechten, zum Viertakt neigenden Galopp, besonders rechts, und insgesamt einen eher laufenden Bewegungsablauf. Nur sein Schritt war gut, egal, wie verspannt er gerade noch gewesen sein mochte – sobald man ihn durchparierte, ging er einen ruhigen und taktsicheren Schritt." Warum er den komplizierten Fuchs überhaupt kaufte, weiß er heute noch sofort zu sagen: „Ich habe in ihm ein Pferd gesehen, das ganz viel Energie hatte und tolle Momente in der Versammlung zeigte, vielleicht ein wenig herumpaddelte, um dann aber sofort wieder einen super Schritt zu gehen. Das hat mich veranlasst, ihn zu nehmen." Gracioso enttäuschte seinen Entdecker nicht. Unter Klaus Balkenhol gewann er zahlreiche Grand Prix-Prüfungen, und seine spätere Besitzerin, die Balkenhol-Schülerin Nadine Capellmann, trug er zu unzähligen Grand Prix-Siegen und nationalen sowie internationalen Titeln und Medaillen. Doch der Weg dahin war weit, sehr weit. „Als wir ihn bekamen, war Gracioso ein sehr verschlossenes Pferd ohne Vertrauen zum Menschen", so Balkenhol. „Er stand in der Box mit dem Hinterteil zur Tür, war zunächst abwartend und sehr reserviert.

ner älteren Kollegen wieder mit Skepsis und Ablehnung sehen. Sie glauben: Nun endlich wird er wohl auf den Boden der Tatsachen geholt.
Aber auf welchen Boden! Vor den begeisterten Zuschauern, die auf einem solchen Turnier noch nie einen Polizisten in Uniform im Viereck sahen, gewinnt Balkenhol St. Georg und Intermediaire I.

Nicht nur dem Reitsport widmet sich Klaus Balkenhol – auch Töchterchen Anabel gehört sein ganzes Herz (hier eine der seltenen Aufnahmen der zwei auf einem Pferd; im Ausdruck noch ein wenig hölzern ...)

Von Menschen schien er genug zu haben. Man hatte immer irgendwie das Gefühl, dieses Pferd habe sich innerlich zurückgezogen, so, als habe es in seinem Leben ein Level gefunden, sich mit allem zu arrangieren, doch nicht darüber hinaus zu agieren."
Aber Klaus Balkenhol wollte mehr von dem Fuchs. Er wollte ihn aus dieser selbst gewählten Isoliertheit herausholen, denn er ahnte, was in ihm steckte. Da der erfahrene Pferdemann weiß, dass Takt unter

„Gracioso war anfangs ein Pferd ohne Vertrauen zum Menschen."

Zu Beginn seiner Ausbildung bei Balkenhol hatte Gracioso Probleme mit dem Takt.

POLIZEILICHE ERMITTLUNG

Die Medien überschlagen sich, berichten begeistert vom erfolgreichen Polizeireiter. Offenbar nicht zur Freude aller. Am Tag, als Klaus Balkenhol und seine Frau Judith Rabauke fürs große Münsteraner Hallenturnier verladen wollen, ist der Fuchs lahm. Trotz Rundeisen steckt ein langer Nagel tief in der hinteren Strahlfurche. Laut Tierarzt kein Zufall. Sabotage? Eine polizeiliche Untersuchung wird durchgeführt, doch die Suche nach dem Schuldigen bleibt ergebnislos. Balkenhol: „Da habe ich das erste Mal erkannt, wie weit Neid gehen kann."

DER ANRUF

L, M, S – Klaus Balkenhol hat sich alles erarbeitet, sich viele neue Lektionen selbst zusammengebastelt, vieles aus Büchern angelesen und

Um Gracioso Vertrauen in unterschiedliche Reiter zu vermitteln, wurde er auch von Judith Balkenhol geritten – hier ganz entspannt in die Tiefe.

dem Reiter niemals erreicht werden kann ohne Vertrauen zum Menschen und die daraus resultierende Losgelassenheit, beschäftigte er sich tagtäglich intensiv mit der Neuerwerbung. Gracioso wurde nicht nur sorgsam gearbeitet, sondern auch mental an die Hand, pardon: den Huf, genommen. „Ich habe sehr oft seine Nähe gesucht", erinnert sich Balkenhol, „bin viel zu ihm in die Box, habe ihn gestreichelt und ihn überall berührt, bis ich merkte, dass ihm das langsam gefiel. Ich wollte sein Wesen kennen lernen und auf diese Weise Ver-

im Sattel umgesetzt. Rabauke geht inzwischen auch Piaffe, Passage und das gesamte Wechselprogramm.

Der Mann aus dem Münsterland, der Polizist in Uniform, der Nobody im Dressurzirkus will noch weiter. Er ruft beim DOKR in Warendorf an, fragt, ob er an einem Lehrgang bei Bundestrainer Willi Schultheis teilnehmen darf. Grünes Licht vom Innenministerium hat er bereits. Zusammen mit Rabauke fährt er zum ersten Mal in

seinem Leben ins Reiterzentrum, marschiert stocksteif und beeindruckt durch die „heiligen Anlagen".

„Ich habe jeden, dem ich begegnete, ganz ehrfürchtig gegrüßt, weil ich dachte, das sind alles tolle internationale Reiter", erzählt er lächelnd.

Alles ist in seiner Erinnerung präsent, so, als ob es gestern gewesen wäre: „Willi Schultheis stand in der Hallenecke und plauderte mit zwei Profis. ‚Ach, du bist der Polizei-

trauen zwischen uns aufbauen." Nach etwa einem Monat drehte sich
Gracioso schon mal um, wenn sein Reiter die Box betrat, und be-
schnüffelte ihn. Langsam, ganz langsam bröckelte seine abwartende
und ablehnende Front in sich zusammen.

Die ganze Familie kümmerte sich intensiv um den scheuen Fuchs,
der auch von Judith und Anabel Balkenhol geritten wurde. „Mit der
Zeit nahm er auf diese Weise auch unterschiedliche Reiter nicht
mehr übel, sondern lernte, sich zu konzentrieren und sich auf seinen
jeweiligen Reiter einzulassen. Doch noch immer hatte er Taktprobleme. Durch die verbesserte innere Gelassenheit verbesserte sich allerdings langsam auch seine Anlehnung, so dass man ihn besser an die
Hand heranreiten konnte. Immer seltener war der Kreislauf Reiter-
hand-Genick-Hals-Rücken-Hinterbein unterbrochen, der ja letztlich
Voraussetzung für einen sauberen Takt ist." Ergänzend zu den ver-
trauensbildenden Maßnahmen und zur täglichen Dressurarbeit mit
vielen Übergängen, Wendungen und Seitengängen wurde Gracioso
auch viel longiert und ins Gelände geritten. Auf diese Weise entwickelte der Fuchs nicht nur mehr Souveränität und Balance, sondern
auch viel Kondition. Erst jetzt bekam er die innere und äußere Kraft,
die ein Pferd für die geforderten Lektionen benötigt. „Obwohl er ja
bereits achtjährig war, als er zu uns kam, hatte ihm diese Kraft
gefehlt. Vermutlich hatte er sich deshalb bei allem, was von ihm bis
dato verlangt worden war, überfordert gefühlt", vermutet Klaus Balkenhol, dessen Vertrauen in Gracioso sich mehr als erfüllte.

„Nach und nach bekam Gracioso die innere und äußere Kraft, die er für die Dressurarbeit brauchte."

reiter aus Düsseldorf', schnarrte er.
Und ich, immer noch immens beeindruckt, brachte nur ein ‚Jawoll'
hervor. ‚Na, dann komm mal rein
mit deinem Streifenpferd', trug
Schultheis mir auf.
Ich ritt vor, Schultheis schwieg.
Dann setzte er sich auf Rabauke,
ritt Einerwechsel, Piaffen und Passagen. Als er wieder abstieg, sagte
er – das werde ich nie vergessen
und es hat mich unheimlich stolz
gemacht – nur ein Wort:
‚Kompliment'."

**Bundestrainer Willi Schultheis
hielt viel von Klaus Balkenhol.**

Als Gracioso über genügend Kraft verfügte, brillierte er vor allem durch seine ausdrucksvolle Versammlung

PLÖTZLICH BERÜHMT

Selbst das Fernsehen entdeckte den reitenden Polizisten und sein Dienstpferd.

Willli Schultheis ist beeindruckt von dem jungen Polizeibeamten. Dem Pferdesportjournalisten Dieter Ludwig, der gerade in Warendorf ist und nach sportlichen Neuigkeiten sucht, sagt er, er zähle ‚diesen Polizisten aus Düsseldorf' zu den acht besten Reitern Deutschlands. Ludwig, damals hauptberuflich beim Sportinformationsdienst (SID), schreibt über den Mann in der grünen Uniform.

Er selbst stellte ihn schließlich erfolgreich international auf Grand Prix-Ebene vor, bevor ihn später Balkenhol-Schülerin Nadine Capellmann übernahm und so den Einstieg in die internationale Dressur-Weltelite schaffte. Zwei Mannschafts-Goldmedaillen auf je einer Europa- und einer Weltmeisterschaft sowie der Gewinn der Deutschen Meisterschaften gehen auf das Konto von Gracioso. Taktprobleme hatte er nie wieder.

Die Entwicklung Graciosos zeigt, dass Schwierigkeiten mit dem Takt nicht unüberwindlich sind, vorausgesetzt, man erkennt als Reiter die Ursachen und verfügt über das Können, die Probleme zu lösen. „Das heißt aber nicht", schränkt der Meister ein, „dass man jedes Problem in den Griff bekommt. Man sollte sich immer davor hüten zu glauben, dass man das, was andere vor einem nicht geschafft haben, auf jeden Fall besser machen wird. Am besten ist es deshalb, auf Korrektheit zu achten und keine Kompromisse einzugehen, weder was den Takt, noch was die korrekte Stellung eines Pferdes angeht."

„Korrekt" heißt für den Reiter, Coach und Ausbilder: Die Bewegungen eines Pferdes sollten bereits im Freilauf absolut taktsicher, elastisch, erhaben und über viel Boden sein und nicht kurz, hektisch, flach und auf der Vorhand rennend.

Der Schritt soll im klaren Viertakt, raumgreifend, groß und schreitend und fleißig sein.

Im Trab (Zweitakt) soll schon beim ersten Antritt der frische Impuls aus der Hinterhand kommen. Der Trab soll aus der Schulter heraus

> *„Man macht nicht immer alles besser, was andere nicht geschafft haben."*

Auch die Zeitungen waren voll von Geschichten über den Polizeireiter.

Ein optimaler Galopp soll – wie hier vorbildlich von Junghengst His Highness demonstriert – über viel Boden führen.

1977 erscheint in der Verbandszeitung „Rheinlands Reiter Pferde" sein Artikel „Die Selbstbeförderung eines Polizisten" und in diversen Tageszeitungen der Beitrag „Meisterreiter aus der Reiterstaffel". Vorbei ist es mit der Anonymität. Balkenhol wird zum Aushängeschild der Polizei, zum Sympathieträger. Und mit ihm Polizeipferd Rabauke. Die Zeitungen überschlagen sich, Balkenhol gibt Radio- und Fernsehinterviews. Alle wollen über den „neuen Mann im Dressursport" berichten. Bundestrainer Schultheis schafft es durch einen Brief ans Innenministerium, dem talentierten Polizeireiter eine Erlaubnis für internationale Turniereinsätze zu verschaffen. Bisher waren, bedingt durch die Dienstordnung der Reiterstaffel, nur fünf Turniere im Jahr innerhalb Deutschlands möglich. Balkenhol erhält eine Sondergenehmigung und von nun an auch eine Förderung durch die Deutsche Reiterliche Vereinigung. Jetzt darf er mehr Turniere reiten.

vorwärts-aufwärts über viel Boden gehen, wobei das Pferd dorthin treten muss, wohin es in der Bewegung zeigt.

Der Galopp soll über viel Boden führen, erhaben sein, mit sich gut winkelnden und abfedernden Hinterbeinen, und stets im sicheren Dreitakt sowie frisch nach vorn und bergauf entwickelt werden.

„Kratzende, schleppende, eilige oder flache Bewegungsabläufe eignen sich für ein Dressurpferd nicht und führen dann oft auch dazu, dass beim Versuch, den Ablauf zu ändern und zu verbessern erst recht Taktstörungen auftreten", weiß Klaus Balkenhol. „Probleme im Schritt sind schwierig abzustellen, wenn auch nicht unmöglich. Es kommt darauf an, wodurch sie verursacht werden. Manche junge Pferde verlieren anfangs unter dem Reiter das Gleichgewicht, finden es dann aber bei richtiger Einwirkung nach einer gewissen Zeit wieder. Andere haben jedoch angeborene, tief verwurzelte Taktschwierigkeiten im Schritt, die man nie ganz wegbekommt. Der Trab lässt sich dagegen durch entsprechende Kräftigung im gewissen Umfang verbessern, sowohl was den Takt als auch was den Raumgriff und den Ausdruck angeht.

Das Instrument der Kräftigung im Trab besteht dabei unter anderem in den unterschiedlichen Lektionen, die mit einem Pferd im Laufe der Zeit erarbeitet werden. Welche das sind, hängt individuell vom jeweiligen Ausbildungsstand eines Pferdes ab und kann deshalb nie losgelöst von den übrigen Komponenten der Ausbildungsskala gesehen werden."

„Die einzelnen Komponenten der Ausbildungsskala müssen immer als Einheit gesehen werden."

BLAMAGE IN DORTMUND

Schultheis drängt das talentierte Paar, seinen ersten Grand Prix beim Dortmunder Hallenturnier zu reiten. Doch der Vorbereitungslehrgang ist dem Fuchs offenbar zuviel, genauso wie der immense Erwartungsdruck seinen Reiter nervös macht. In der Inter II noch plat-

In Münster lief noch alles rund, der erste Start in Dortmund entwickelte sich dagegen zum Desaster.

GOLDSTERN UND DIE LOSGELASSENHEIT

Eine dieser Komponenten ist die Losgelassenheit, also die innere und äußere Entspannung des Pferdes. Sie ist Grundlage und Voraussetzung für die gesamte harmonische Zusammenarbeit zwischen Pferd und Reiter. „Im Laufe der Jahre hatte ich immer wieder auch mit Pferden zu tun, denen die Losgelassenheit nicht gerade in die Wiege gelegt worden war", erinnert sich Klaus Balkenhol. Gracioso war einer von ihnen, genauso wie Olympiapferd Goldstern oder Nadine Capellmanns Star Farbenfroh, Pferde, bei denen Genie und Wahnsinn eng beieinander lagen. „Die Ursachen für ihre Eskapaden und Verspannungen waren allerdings sehr unterschiedlich. So hatte Gracioso ja schon allerhand hinter sich, als er zu uns kam und war einfach hektisch, weil er allem und jedem gegenüber zunächst sehr skeptisch und zurückhaltend war. Goldstern war anders. Er war ein eher aufmerksames und dominantes Pferd, das sehr an seiner Umgebung interessiert war und sich deshalb schon mal den Zügel nehmen wollte, einfach, um sich einen besseren Überblick zu verschaffen und dann selbst zu entscheiden, ob es sich aufregen sollte oder nicht. Er hatte enorm viel Power, die in geregelte Bahnen gebracht werden musste. Ähnlich wie Farbenfroh, der dabei jedoch extrem sensibel und in manchen Situationen eher ängstlich war." Doch egal, woher Verspannungen resultieren, Klaus Balkenhol ist bei der Lö-

ziert, geht der Grand Prix vor großem Publikum in die Hose. In der zweiten Hälfte zieht Rabauke die Zunge übers Gebiss und winkt damit fröhlich in die Runde. Aus der Traum vom erfolgreichen Grand Prix-Einstieg. Frustriert fährt Balkenhol nach Hause, muss die Enttäuschung der verpatzten Prüfung ebenso verkraften wie hämische Bemerkungen in vereinzelten Zei-

Der geborene Horseman bei entspannter Zwiesprache auf der Weide.

tungsarktikeln. Vom „aggressiven Neuen" ist da die Rede, im Einzelnen heißt es: „Das mit so viel Spannung erwartete neue Paar Rabauke unter seinem Polizeimeister Balkenhol errang mit Platz 18 beim Grand Prix einen Achtungserfolg. Der hübsche Fuchs wurde von dem sehr aktiv, ja fast aggressiv, aber nicht immer elastisch einsitzenden Reiter gekonnt vorgestellt." Balkenhol erkennt, dass der Ruhm immer zwei Seiten hat – Anerkennung und Neid.

Mit Nadine Capellmann auf Farbenfroh und Linda Tellington-Jones bei einer Tellington-Demonstration in Reken.

Ein Jahr lang startet das Paar in keinem Grand Prix mehr. „Ich fand einfach, wir waren noch nicht so weit."
Erst Ende 1978 folgt beim Turnier Iserlohn Grand Prix-Versuch Nummer zwei – diesmal mit Erfolg. Auf Anhieb landen Balkenhol und Rabauke auf Platz zwei hinter Harry Boldt und Olympiapferd Woyceck.

ZU „UNBEKANNT"

Der Erfolg von Iserlohn ist nur der Anfang. 1979 wird Balkenhol unter anderem Deutscher Vize-Meister, im selben Jahr avanciert Rabauke zum erfolgreichsten Dressurpferd der Welt. Eine Bilderbuch-Karriere. Doch die nächste Enttäuschung ist bereits im Anmarsch.

Highlight in der Karriere des Polizeiobermeisters: Platz zwei bei der Deutschen Meisterschaft 1979 hinter Dr. Uwe Schulten-Baumer jun. und vor Dr. Reiner Klimke.

ALTERNATIVE METHODEN

„Für mich stellt die Ausbildungsskala zwar das einzig wahre Gerüst dar, nach der ein Pferd gearbeitet werden soll. Das heißt aber nicht, dass man nicht auch mal alternative Anregungen aus anderen Bereichen darin einflechten kann. Ich finde, alles, was einem Pferd Entspannung und Freude bringt, kann durchaus unterstützend eingesetzt werden – aber immer nur, solange es nicht gegen das natürliche Wesen eines Pferdes und seine natürlichen Anlagen gerichtet ist."

sung solcher Probleme und auch bei ihrer Vermeidung ein Verfechter von sanften, pferdefreundlichen Methoden und scheut dabei auch nicht den Blick über den Zaun. Um Graciosos, Goldsterns und Farbenfrohs „Spleens" noch besser in den Griff zu bekommen, ließ er sich seinerzeit von der Amerikanerin Linda Tellington-Jones helfen. „Es war schon erstaunlich zu sehen, wie sehr sich die Pferde darauf einließen", erklärt er und erinnert sich lachend an Goldstern: „Als Linda mit ihm arbeitete, stand er auf einmal mit hängenden Ohren und hängendem Hals da und entspannte sich total. Allerdings war er

Bei den Sichtungen für die Europameisterschaft werden Klaus Balkenhol und Rabauke dritte. Nominiert werden sie trotzdem nicht, man hat vergessen, sie im Vorfeld für die EM überhaupt zu nennen.
Der Erklärungsversuch des Dressurausschusses:
„Balkenhol hat noch keinen internationalen Einsatz hinter sich, und so schlimm es auch ist: In der Dressur sind die Richter wie auch beim Eiskunstlaufen oder Turnen schon mal vorbelastet, haben eine vorgefasste Meinung. Da kommt ein Unbekannter wie Balkenhol unmöglich in der Wertung nach oben."
Allerdings wird Balkenhol mit Rabauke nun endlich in den A-Kader berufen.

am nächsten Tag noch so relaxed, dass er überhaupt nicht gut ging, weil ihm die notwendige Körperspannung fehlte. Ich sagte zu Linda: ,Das war wohl nix! Kannst du das vielleicht dosierter, so, dass er zwar entspannt ist, aber nicht gleich einschläft?' Es war unglaublich. Sie arbeitete diesmal ein wenig anders mit Goldi, und am nächsten Tag war er sensationell."

Auch wenn in einem Ausbildungsstall oft die Zeit für eine ausführliche Beschäftigung mit derartigen Methoden fehlt, so nahm Klaus Balkenhol aus diesen Treffen doch einige Anregungen auf und baut

Hier sieht man gut, wie sensibel ein Pferd auf zu viel Druck mit Spannung reagiert: Tip Top unter US-Reiterin Leslie Morse zeigt sich links in der Piaffe unwillig und fehlerhaft (zu eng, vorne stützend, hinten heraus), rechts – bei feiner und leichter Einwirkung – vorbildlich.

1979 ist Rabauke das erfolgreichste Dressurpferd der Welt.

die Tellington-Methode oder auch andere Bodenarbeits-Ansätze immer wieder in seine Arbeit ein. „So haben wir zum Beispiel mit Farbenfroh auch viel daran gearbeitet, ihm seine Bodenscheue zu nehmen. Wir ließen ihn über Plastikplanen oder sonstige seltsame Untergründe gehen, damit er sich daran gewöhnt. Und da er auf Turnieren vor gewalzten Mittellinien schon mal scheute oder einfach drüber sprang, habe ich hier auf dem Hof sicher tausend Mittellinien gezogen, bis er sich daran gewöhnte."

„Der unbedachte Griff zum Hilfszügel kann schnell in einen Teufelskreis führen."

Wichtig ist dem Ausbilder dabei die konsequente, aber gewaltfreie und vertrauensvolle Heranführung der Pferde an neue Dinge. „Wenn ein Pferd kein Vertrauen zu seinem Reiter hat, dann wird es sich in unbekannten Situationen verspannen, um seinem Fluchtinstinkt besser und schneller nachkommen zu können. Wer darauf mit Zwang reagiert, verursacht nur noch mehr Spannung bis hin zu Widersetzlichkeit. Das sind dann genau die Momente, die leider oft den Griff zu irgendwelchen Hilfszügeln nach sich ziehen. Diese verursachen aber nur wieder noch mehr Zwang – ein Teufelskreis entsteht, aus dem Pferd und Reiter meist nicht mehr herauskommen."

Vertrauen statt Zwang, das ist deshalb Klaus Balkenhols Devise. Auch bei der Reiterstaffel, bei der er über 30 Jahre lang Dienst tat und die unterschiedlichsten Pferde „polizeitauglich" ausbildete, wird nach diesem Prinzip gearbeitet. Immerhin müssen die Pferde dort in Situationen die Nerven behalten, in der „normale" Pferde vermutlich vollkommen aus der Fassung geraten würden. Reiten durchs Feuer

Großartiger Erfolg: Platz zwei beim Deutschen Dressurderby in Hamburg hinter George Theodorescu

GROSSE ERFOLGE

Ein Jahr später. Klaus Balkenhol gehört inzwischen zu den international bekannten Dressurreitern, feiert große Erfolge, darunter Platz zwei beim Deutschen Dressur-Derby in Hamburg.
Auch in seiner Polizeistaffel findet er Anerkennung, die alten Nörgler sind inzwischen pensioniert, die ‚Neuen' finden seinen Erfolg und sein reiterliches Können toll.
1980 winkt ein großes Ziel.

LOSGELASSENHEIT ERKENNEN

Die Losgelassenheit eines Pferdes lässt sich recht leicht erkennen:

▸ Am Ohrenspiel: Die Ohren sollen vor- und zurückpendeln, statt starr nach vorn gerichtet oder flach nach hinten angelegt zu sein.

▸ Am Schweif: Auch er soll im Rhythmus der Bewegung locker pendeln, anstatt eingeklemmt oder zu hoch aufgerichtet zu sein oder dauernd zu schlagen.

▸ Am Maul: Es soll zufrieden kauend geschlossen sein, statt starr zusammengepresst, hektisch kauend oder gar aufgerissen.

▸ An den Augen: Sie sollen einen entspannten, vertrauensvollen Eindruck vermitteln, statt ängstlich aufgerissen zu sein.

▸ Am Sitzgefühl: Ein losgelassenes (und über den Rücken gehendes) Pferd lässt seinen Reiter gut sitzen.

oder inmitten grölender und lärmender Menschenmassen sind nur zwei Herausforderungen, denen sich ein Polizeipferd ruhig und gelassen stellen muss. „Sie können kein Pferd durch die Flammen prügeln", erkärt Balkenhol. „Wenn Sie Ihr Pferd nicht auf Ihrer Seite haben und es Ihnen nicht blind vertraut, wird es niemals eine solche Gefahr überwinden, sondern vor ihr fliehen."

Eine Erkenntnis, die Balkenhol gerade in seiner Dienstzeit im Sattel täglich machte und die sein weiteres Handeln im Umgang mit den Pferden stark beeinflussen sollte. So lässt er auch heute noch frisch angerittene Pferde nie allein in der Halle oder auf dem Viereck

Olympia! Doch wegen politischer Querelen werden die Spiele von Moskau von den meisten Ländern boykottiert. Klaus Balkenhol klettert dennoch weiter die Erfolgsleiter hoch, hat sich inzwischen im Sport der Reichen und Eleganten durch kontinuierliche Leistung einen Platz erobert. Er ist kein Außenseiter mehr im internationalen Turnierzirkus, sondern ein ernst zu nehmender Konkurrent, der sich, egal wo er auftaucht, in die Platzierungslisten einträgt.

TRAGISCHER FEHLTRITT

1982 dann das Aus. Beim internationalen Turnier von Balve rutscht Rabauke in der Prüfung weg und geht sofort lahm. Die niederschmetternde Diagnose: massive Verletzung des Kniebandes. Rabauke wird operiert und anschließend lange behandelt. Er kommt wieder auf die Beine, doch für eine weitere Dressur-Karriere reicht es nicht. Der kleine Fuchs mit dem großen Herzen geht nie wieder ein Turnier,

gehen, sondern stellt ihnen immer einen erfahrenen vierbeinigen Partner an die Seite. „Man muss sich den Herdentrieb der Pferde zunutze machen. Das wusste man schon bei der Kavallerie, wo junge Remonten anfangs nur in der Abteilung gingen, bis sie Vertrauen zu ihrem Reiter und zur Umgebung aufgebaut hatten. Und auch bei der Polizei ließen wir einen tierischen Neuling zunächst immer mit einem ruhigen, erfahrenen Dienstpferd zusammen gehen.

„Ein Pferd sollte nur positive Erfahrungen machen."

Wer gerade in dieser ersten Zeit versucht, ein Pferd, dass vielleicht in irgendeine Ecke nicht will, brachial zum Gehorsam zu zwingen, riskiert genau die falsche Konditionierung. Es wird die Ecke mit Zwang und Angst in Verbindung bringen und noch viel weniger dorthin gehen wollen. Ein Pferd verknüpft nun mal alles mit seinen Erinnerungen. Deshalb sollten alle Erfahrungen, die es macht, stets positiv sein. Sind sie es nicht, geht das Vertrauen kaputt, es kommt zu mehr und mehr Spannung, was letztlich sogar auf Kosten der Gesundheit gehen kann."

Die Pferde, die Klaus Balkenhol im Laufe der Jahre unter dem Sattel hatte, wurden – vorausgesetzt sie erlitten keine akuten Krankheiten wie Koliken o. Ä. – alle alt. Goldstern erlebte sechs Jahre lang seine Rente, Rabauke tollte noch mit knapp 30 über die Weide – trotz jahrelangem Polizei-Training und intensiver Sport-Nutzung. Balkenhol: „Das Reiten nach den klassischen Prinzipien der Skala der Ausbildung ist und bleibt nun mal die beste Gesundheitsvorsorge für die Pferde."

wohl aber noch eine Zeit lang unter seinem Reiter brav auf Streife. 1984, Raubauke ist nun 16 Jahre alt, übereignet der Innenminister von Nordrhein-Westfalen das ausgediente Polizeipferd seinem Reiter. Bei Balkenhol genießt Rabauke Familienanschluss bis zu seinem Tod 1998. Das erste internationale Polizei-Dressurpferd der Welt wurde 30 Jahre alt.

Rabauke mit „seinem" Pony Muskatnuss im Rentenstand.

ANLEHNUNG – LEICHT WIE FARBENFROH, FEST WIE RHODOMO

„Über die Anlehnung könnte man ein ganzes Buch schreiben." Ein Ausspruch, dem man nur zustimmen kann, hört man dem Reiter und Coach Klaus Balkenhol zu. Sowohl im täglichen Unterricht als auch auf seinen vielen Vortragsreisen im In- und Ausland ist ihm gerade dieser dritte Punkt der Ausbildungsskala ein besonderes Anliegen. Nicht allein zu betrachten, sondern eingebettet in die übrigen Komponenten der Skala und doch ein riesiges Feld voller Irrungen und Wirrungen, Fehler und Geheimnisse – das ist für ihn die Anlehnung. „Mit ihr und mit den damit verbundenen Problemen werden alle Reiter, egal auf welchem Niveau sie reiten, konfrontiert. Eine Anlehnung, die nicht korrekt aus der Hinterhand erschlossen wird, ist nämlich keine richtige Anlehnung. Das im Sattel zu erfühlen ist Teil der Kunst, zu der Reiten werden kann." Dass sich heute so mancher Reiter offenbar mit dem bloßen Handwerk zufriedengibt, statt nach Kunst zu streben, bedauert der Horseman sehr. „Natürlich kann es sein, dass der richtige Weg auch mal länger dauert", erklärt er. „Aber wer ihn konsequent und geduldig einschlägt, wird irgendwann belohnt werden. Und wenn es ,nur' mit dem unbeschreiblich schönen und befriedigenden Gefühl einer leichten, fast schwerelosen Reiterei und dem harmonischen Miteinander von Pferd und Reiter ist."

„Jeder Reiter sieht sich früher oder später mit Anlehnungsproblemen konfrontiert."

WANDERJAHRE

Mit der Genehmigung, mehr als fünf Turniere im Jahr zu reiten, erhält Balkenhol auch die Erlaubnis, nebenberuflich Fremdpferde auszubilden und vorzustellen. Einzige Bedingung: Er muss auf den Turnieren Uniform tragen.

Auf Turnieren – hier auf Ehrengold, Mitbesitzer Dr. Hanno Leimbach – trug Balkenhol im Viereck stets Polizeiuniform.

URSACHENFORSCHUNG

Treten bei einem Pferd plötzlich Probleme mit der Anlehnung auf, muss Ursachenforschung betrieben werden:

- Ist die Ausrüstung in Ordnung? (Gebiss, Trense, Sattel)
- Ist die Trense/Kandare richtig verschnallt? (Zu enge Verschnallung oder ein zu kurzes Reithalfter üben schmerzhaften Druck auf das empfindliche Genick des Pferdes aus.)
- Sind die Zähne in Ordnung?
- Passt das Gebiss und liegt es richtig?

Wenn alles stimmt, liegt vermutlich ein reiterliches Problem vor.

Den Einsatz von Schlaufzügeln lehnt Balkenhol kategorisch ab, da er feste Mäuler und Rücken verursacht und ein Pferd nur zwanghaft zusammenzieht.

Immerhin hat sich der „reitende Polizist" zu einem Sympathieträger entwickelt. Das wollen sich weder Polizeipräsident noch Innenminister entgehen lassen.

Balkenhol bringt seine privaten Kunden auf Gestüt Eschenbruch in Mühlheim unter, zieht später dann in den Nachbarstall, der von Familie Nowak betrieben wird.

„Es gab damals Menschen, die mich selbstlos unterstützten, so auch unser Freund Hanno Leimbach, der mir ein Pferd zur Verfügung stellte und unseren Lkw ermöglichte."

International wird es ein wenig ruhiger um den Polizeireiter, national bringt er jedoch viele Pferde erfolgreich in den Grand Prix-Sport. Mon Petit, Escorial, Aponti, Rhodomo – mit allen reitet sich der Polizeireiter aus Düsseldorf weiter in die Herzen des Publikums.

Nach einem Lehrgang bleibt auch Nicole Uphoff mit ihrem Rembrandt bei Klaus Balkenhol und trainiert zwei Jahre mit ihm.

Aus diesem Grunde gibt es im Stall Balkenhol keine Schlaufzügel, das „Lieblingsinstrument" vieler Vertreter der Schnellbleiche. „Wer mit ihrer Hilfe versucht, sich Anlehnung zu erpfuschen, betrügt sich selbst", so seine Überzeugung. „Es wird nur eine künstliche Anlehnung hergestellt, das Pferd nur scheinbar durchs Genick geritten." Mit all seinen negativen Auswirkungen: feste Mäuler, enge Hälse, festgehaltene Rücken, Kraft statt Eleganz, Abnutzung statt Gymnastizierung. „Sind solche Probleme erst einmal durch falsche Reiterei entstanden", weiß der Profi, „dann ist es sehr schwer, dies wieder zu korrigieren."

Klaus Balkenhol hat im Laufe der Jahre viele solcher Pferde in Ausbildung bekommen. Er weiß, wovon er redet. Besonders gut erinnert er sich an Rhodomo, einen großen Schwarzbraunen, der bereits achtjährig war, als er zu Balkenhol kam. Der Wallach, in der Vergangenheit viel über Kraft geritten, war schwer durchs Genick zu bekommen und bereitete so seinem neuen Reiter, der gerne auf „blanker Trense" und mit leichten Hilfen arbeitet, jede Menge Kopf- (und Rücken-)schmerzen. „Er war sehr schwierig in der Anlehnung. Fest und so stark, dass es wahrlich keine Freude war, ihn zu reiten." Doch Balkenhol versuchte es auf die unorthodoxe Art. Statt ihn auf Trense oder auf Trense mit Hilfszügeln zu reiten, schnallte er dem Westfalen anfangs oft die Kandare auf. „Erst damit gelang es mir, ihn auf die Reiterhilfen überhaupt wieder sensibel werden zu lassen, so dass ich ihn arbeiten konnte, statt mit ihm zu kämpfen", erzählt Balken-

„Wer Geduld hat, wird mit einem harmonischen Miteinander von Reiter und Pferd belohnt."

WIEDER EIN FUCHS

Inzwischen ist Balkenhol mit den „Zivil"-Pferden nochmals umgezogen, näher zu seinem Wohnort Hilden. Nun hat er auf Gut Landfrieden in Mettmann einen Boxentrakt, bevor er schließlich auf einer neu entstandenen Anlage in Hilden ein vorläufiges reiterliches Zuhause

Der Bauch noch ein wenig dick, die Oberlinie aber korrekt entwickelt: Goldstern als Vierjähriger.

hol. Nach und nach gelang es ihm, Rhodomo „umzustellen", ihm wieder eine Ahnung von korrekter Anlehnung zu vermitteln und die dafür notwendigen körperlichen Voraussetzungen zu schaffen. „Die Kandare ließ ihn zunächst ein wenig mehr Respekt vor meiner Hand haben", erinnert sich Klaus Balkenhol. „Ich konnte dadurch mit ganzen und halben Paraden überhaupt erst durchkommen – Voraussetzung für eine sinnvolle Arbeit überhaupt." Mit der Zeit begriff Rhodomo auf diese Weise wieder, dass es viel angenehmer ist, auf

Von Farbenfrohs zunächst etwas „wackeliger" Anlehnung war später nichts mehr zu sehen.

findet. Sieben Jahre bleiben Balkenhols mit den Pferden auf der Reitanlage Budinsky, haben auch dort ihren eigenen Trakt.

Rabauke genießt hier seine Rente, doch auch Sportpferde wie Ehrengold, Neuerwerbung Gracioso, Sylvester, Nikolaus, Laudatio, Farbenfroh und hin und wieder ein Fuchs namens Goldstern werden dort trainiert.

GOLDPFERD „GOLDIE"

Schon seit 1982 hat Klaus Balkenhol den Fuchs Goldstern, (Züchter Willi Altemeier, Delbrück) unterm Sattel. Zusammen mit seinem Chef Werner Vatter hatte er den zweieinhalbjährigen Westfalen ein Jahr zuvor bei einem Besuch der Remonteabteilung der Polizeireitschule Köln gesehen.

Der kleine Fuchs mit den etwas kurzen Vorderbeinen gefiel beiden auf Anhieb. Gemeinsam mit

Reiterhilfen zu reagieren, statt sich ihnen zu widersetzen. Erst dadurch wurde aus der Arbeit mit ihm Gymnastizierung statt Kampfsport. „Seine Muskulatur baute sich nach und nach zum Positiven hin um, was wiederum seiner Losgelassenheit und damit auch seiner Zusammenarbeit mit dem Reiter zugute kam", so Balkenhol. „Hätte ich hier stattdessen weiterhin auf die Kraft von Hilfszügeln gesetzt, hätte er wohl mit noch mehr Sturheit und Widersetzlichkeit reagiert."

Balkenhols Konzept ging auf. Über Jahre bestritten Balkenhol und Rhodomo erfolgreich Turniere bis Grand Prix – auf Kandare, versteht sich. Zu Hause allerdings konnte Rhodomo schließlich, wie alle seine Stallkollegen, problemlos und angenehm auf „blanker" Trense geritten werden.

Doch nicht nur „feste" Pferde können ihren Reitern schon mal Schwierigkeiten bereiten. Auch die Überlockeren sind nicht von jedermann in den Griff zu bekommen. Farbenfroh war so ein Pferd. Ausgestattet mit genialen Bewegungen, unglaublich viel Ausstrahlung, einem nicht immer ganz einfachen Nerv und einer anfangs eher unsteten, „wackeligen" Anlehnung. „Manchmal konnte er stark werden", so sein Trainer, „dann wieder sehr leicht, fast zu leicht." Dies galt es, in den Griff zu bekommen, denn nur mit einer durchgängig gleichmäßigen Anlehnung sind Höchstleistungen, wie Farbenfroh sie später unter seiner Reiterin Nadine Capellmann brachte, überhaupt möglich. „Die Festigung von korrekter Anlehnung zieht

Anlehnung wird durch den ganzen Sitz, also das Zusammenspiel Hand-Kreuz-Schenkel, erreicht.

Wallach Gauner zieht Goldstern dreijährig nach Düsseldorf in die Stallungen der Polizeireiterstaffel um, wo die zwei Pferde von Klaus Balkenhol geritten werden. Beide sind überdurchschnittlich talentierte Pferde, doch schnell stellt sich heraus, dass „Goldie" die besseren Anlagen hat. Allerdings ist er nervlich ein wenig schwierig. Erste Dressurpferdeprüfungen führen entweder zum Sieg – oder in ein verspanntes, mit Fehlern gespicktes Desaster.

Wer seinerzeit im Umfeld von Düsseldorf unterwegs war, konnte schon mal auf einen Dressur reitenden Polizisten und ein künftiges Olympia-Pferd treffen.

Klaus Balkenhol sitzt geschmeidig ‚im' Pferd und rahmt es ein.

Der kleine Fuchs ist kernig wie ein Großer.

Doch Klaus Balkenhol glaubt an den Weinberg-Sohn. Neben der täglichen Streifenarbeit inklusive Einsätzen bei Karnevalsumzügen oder Fußballspielen baut er Goldi systematisch als Dressurpferd auf. Sein Bewegungsablauf, seine Elastizität und sein Talent für die hohe Versammlung sind außergewöhnlich. Nach und nach stellt sich über Dressurpferde-L, M und schließlich S Erfolg über Erfolg ein.

1989, Goldstern ist zehn Jahre alt, gewinnt er seine ersten Grand Prix-Prüfungen. Ein Jahr später trägt er seinen Reiter zum Vize-Titel bei den Deutschen Meisterschaften. Die Fachwelt horcht auf. Klaus Balkenhol ist zurück im Großen Sport – und wird 1991 in Münster erstmals Deutscher Meister.

sich immer über einen längeren Zeitraum hinweg. Bei Farbenfroh haben wir darauf geachtet, dass er noch besser auf die nachgebenden und annehmenden Hilfen reagierte. Im Klartext heißt das: Bei der annehmenden Hilfe muss ein Pferd zurückkommen, bei der nachgebenden sich dehnen. Farbenfroh lernte im Vorwärts, kombiniert mit vielen Übergängen, dies zu akzeptieren und dabei die Ruhe zu bewahren. Dadurch bekam er nach und nach die körperliche Kraft und Reife, sich selbst und seine Reiterin in jeder Lage zu tragen – und das mit leichter und steter Anlehnung." Eine absolute Voraussetzung übrigens für seinen weiteren sportlichen Lebensweg. Nicht nur, weil eine korrekte Anlehnung jedes gut gerittene Pferd auszeichnet (oder zumindest auszeichnen sollte), sondern auch, weil seine Reiterin und Besitzerin mit zarten 50 Kilogramm Körpergewicht eine kraftbetonte Reiterei gar nicht hätte leisten können (und wollen).

„Anlehnung spielt sich nicht nur in den Zügeln und im Gebiss ab. Anlehnung bezieht sich auf den ganzen Reiter."

Ein guter, korrekter und effektiver Reitersitz ist auf dem Weg zu einer Anlehnung für Klaus Balkenhol eine der unabdingbaren Voraussetzungen. „Anlehnung bezieht sich ja nicht nur auf Zügel, Gebiss und Reiterhände, sondern auf den ganzen Reiter. Ein Reiter muss durch seinen ganzen Sitz einem Pferd Anlehnung geben, das heißt: Die Schenkel müssen leicht anliegen, der Sitz muss ausbalanciert und geschmeidig sein, Arme und Hände müssen ruhig und gleichmäßig mit der Bewegung mitgehen. Auf diese Weise ergibt sich ein geschmeidiger Kreislauf, das Pferd nimmt den Reiter mit. Dadurch entsteht dann erst Anlehnung." Ein Grund, warum Klaus

EIN TRAUM WIRD WAHR

Klaus Balkenhol und Goldstern sind nicht mehr aufzuholen. Goldies Name wird Programm. Aus dem Polizisten, der einst mit Rabauke eher ein Exot im Dressursport war, ist eine feste Größe auf den Turnierplätzen dieser Welt geworden. Dem Durchbruch bei den Deutschen Meisterschaften folgen Schlag auf Schlag weitere große Erfolge, darunter der Vize-Titel in der Kür bei den Europameisterschaften in Donaueschingen sowie die Mannschafts-Goldmedaille. Erneut bringt sich Balkenhol für die Olympischen Spiele ins Gespräch – und gehört 1992 tatsächlich zum Olympiaaufgebot für Barcelona. Beinahe nebenbei wird er kurz zuvor zum zweiten Mal Deutscher Meister, bevor es dann zusammen mit Nicole Uphoff, Monica Theodorescu und Isabell Werth nach Spanien geht. Die Spiele werden zu einem Triumph für den Mann aus dem Münsterland und seinen

> „Klaus Balkenhol ist ein echter Pferdemensch. Er ist ein Meister darin, ein Pferd anzusehen und zu wissen, was zu tun ist, um sein Potenzial zu optimieren. Sein Training orientiert sich immer eng an der Ausbildungsskala, ganz gleich, wie weit fortgeschritten ein Pferd bereits ist. Klaus hat außerdem als Coach eine sehr positive Einstellung zu Pferd und Reiter – und das macht das Training sehr angenehm."
>
> **GEORGE WILLIAMS**
> US-Kaderreiter, Vize-Präsident der USDF (United States Dressage Federation)

Balkenhol den uralten Spruch „Alte Reiter junge Pferde, junge Reiter alte Pferde" für absolut richtig hält.

„Anlehnung ist etwas so immens Wichtiges, aber auch Schwieriges, dass sie einem Pferd nur von einem erfahrenen und gut sitzenden Reiter vermittelt werden kann. Hat der Reiter mit dem eigenen Sitz noch Probleme, kann er dies nicht leisten. Und je jünger und unerfahrener dann ein Pferd ist, desto schneller entwickeln sich Anlehnungsprobleme, die sich später zu gravierenden Schwierigkeiten auswachsen und das Miteinander zwischen Reiter und Pferd empfindlich stören können."

Eine derartige „Störung" hat der spätere Olympionike einst am eigenen Leib erlebt. Seine Frau Judith hatte vor vielen Jahren ein Pferd mit dem passenden Namen Querkopf. „Er ging und ging nicht durchs Genick", erinnert sich Klaus Balkenhol. „Und je mehr ich ihn dazu bringen wollte, desto widersetzlicher wurde er. Heute ist mir bewusst, dass mir damals vermutlich noch die Erfahrung, die Sicherheit und auch das Können fehlten, auch auf ein solches Pferd richtig einzugehen. Ich war eben auch noch ein junger Reiter auf einem jungen Pferd. Das ging einfach nicht.

Hätte ich Querkopf jetzt, würde ich vieles anders machen. Und ich bin mir sicher: Mit meinem Wissen von heute würde ich ihn sicherlich in den Griff bekommen. Denn kein Pferd widersetzt sich einfach so. Darüber sollte jeder Reiter einmal nachdenken, bevor er die Fehler beim Pferd sucht."

Einige der größten Momente seines sportlichen Lebens erlebte Klaus Balkenhol bei den Olympischen Spielen von Barcelona.

VOM SCHWUNGLOSEN OLEANDER

Eigentlich ist Klaus Balkenhol der Meinung, dass jedes Pferd Veranlagung zum Schwung hat. Das eine eben mehr, das andere weniger. Denn Schwung besteht für ihn im natürlichen Vorwärtsdrang des Pferdes, der sich aus einer aktiven Hinterhand über einen schwingenden Rücken entwickelt. Allerdings, so gibt er zu, gibt es hin und wieder auch mal Pferde, die überhaupt keinen Schwung haben. So wie Oleander, ein braves Dienstpferd, das Balkenhol zu Polizeizeiten in Düsseldorf unterm Sattel hatte. „Er hatte einfach die falsche Anatomie, um über Schwung zu verfügen", lächelt der Olympionike rückblickend. „Oleander hatte eine steile, gebundene Schulter und war bauartbedingt gar nicht in der Lage, nach vorne zu kommen. Er war einfach wenig elastisch, egal in welcher Gangart." Das hinderte den begeisterten Dressurreiter allerdings nicht daran, Steif(f)-Tier Oleander täglich zu gymnastizieren. Mit Erfolg. Zwar ging der Fuchs mit den lustigen Schlappohren nie Turniere, doch konnte er schließlich sehr ansehnlich piaffieren und passagieren und lernte – auch wenn seine Galoppade immer schwungslos und stöckrig blieb – Einerwechsel. „Nur Traversalen hat er nie gekonnt. Da hat er sich beim Kreuzen irgendwie immer selbst ein Bein gestellt."

Oleander war allerdings das einzige Pferd in Klaus Balkenhols Karriere, das schwunglos war und auch allen Versuchen widerstand, im

> *„Schwung offenbart sich in natürlicher und losgelassener über den Rücken schwingender Dynamik."*

Goldstern: Gold in der Mannschafts- sowie Bronze in der Einzelwertung. Ein Traum wird wahr. Wenn Klaus Balkenhol heute an Barcelona zurückdenkt, leuchten seine Augen: „Das war für mich das Allergrößte! Als ich mit meiner Einzel-Medaille auf dem Treppchen

Dort, wo er einst als Schuljunge fürs Klassenfoto (siehe S. 12) posierte, wird Klaus Balkenhol bei seiner Rückkehr aus Barcelona geehrt: auf der Treppe von Schloss Velen, fast 50 Jahre später.

Aus dem losgelassenen Lösen (hier US-Reiter Steffen Peters auf Floriano) ...

Laufe der Ausbildung so etwas wie Schwung zu entwickeln. Die meisten Pferde, mit denen Balkenhol zu tun hatte und auch heute noch zu tun hat, verfügen über korrekte und schwungvolle Grundgangarten. Allein schon deshalb, weil sie für den Dressursport gedacht sind bzw. hier eingesetzt werden. Schwung hat für den Ausbilder und Pferdekenner Balkenhol dabei allerdings nichts mit dem spektakulären, exaltierten und auf Show ausgerichteten Gestrampel

stand, habe ich es kaum fassen können." Nicht nur seine Medaillen sind außergewöhnlich, auch die Tatsache, dass Klaus Balkenhol der älteste Teilnehmer der Spiele ist. Und natürlich, dass Goldstern ein einst für nur knapp 7000 Mark gekauftes Polizeipferd ist. „Das war und ist sicher einmalig bei olympischen Reiterspielen", ist sich Balkenhol, der sich aus Barcelona eine zufällig gefundene Schraube als Talisman mit nach Hause brachte, auch heute noch sicher.

BAMBI UND BUNDESKANZLER

Die Öffentlichkeit ist begeistert. Klaus Balkenhol wird 1992 nicht nur mit dem traditionsreichen Fernseh- und Medienpreis „Bambi" ausgezeichnet, er erhält aus den Händen des Bundespräsidenten Richard von Weizsäcker außerdem das „Silberne Lorbeerblatt" und wird wenig später vom damaligen Bundeskanzler Helmut Kohl empfangen.

...entwickelt sich ausdrucksvoller Schwung.

zu tun, das heute von vielen Leuten als toll empfunden wird.
Schwung offenbart sich für ihn vielmehr in einer korrekten, natürlichen und losgelassen von hinten nach vorne durch den Körper
schwingenden Dynamik. „Brentina von Debbie McDonald ist das
typische Beispiel eines Pferdes, das sich seinen natürlichen Schwung
bis in die höchsten Klassen bewahrt hat. Sie ist immer fein an der
Hand und ebenso am Schenkel. Sie bewegt sich nicht spektakulär,

KASTAGNETTEN-ZAUBER

Die reiterliche Erfolgsserie geht
weiter, der Polizeireiter aus Düsseldorf und sein Goldstern werden
zum Markenzeichen, ihre Kür zu
Kastagnetten-Musik verzaubert Publikum und Richter gleichermaßen.
Auch 1993 gewinnt das Paar die
Deutschen Meisterschaften und
wird Mannschafts-Europameister,
ein Jahr später zusammen mit Nicole Uphoff, Isabell Werth und
Karin Rehbein gar in Den Haag

Goldstern zu seinen
Glanzzeiten

Elegant, durchlässig und geschmeidig: Brentina (unter Debby McDonald) wird streng nach der Skala der Ausbildung gearbeitet.

Mannschafts-Weltmeister. In der Einzel-Wertung Kür erlangt Balkenhol die Silbermedaille – zu Unrecht, wie viele denken, sehen die meisten Zuschauer und auch einige Richter ihn doch auf Platz eins. „Goldi hätte gewinnen müssen", meint Balkenhol rückblickend. Doch in der Kür kommt an Anky van Grunsven, in ihrer Heimat getragen von der Begeisterung ihrer Landsleute, keiner vorbei.

Das Balkenhol'sche Leben hat sich geändert. Neben dem Polizeidienst stehen die Pferde nunmehr im Mittelpunkt der ganzen Familie. Training, Ausbildung, Unterricht und Turnierreiterei bestimmen den Alltag. Ehefrau Judith und Tochter Anabel ziehen mit, sind am Viereck immer dabei. „Judith ist all die Jahre meine ehrlichste Kritikerin gewesen und hat auch dafür gesorgt, dass ich nie die Bodenhaftung verloren habe", so Klaus Balkenhol.

Während sich seine Turnierreiterei auf dem Höhepunkt befindet,

aber durch und durch losgelassen und ist in ihrer Natürlichkeit wunderschön wie Mona Lisa."

Die unterschiedliche Ausprägung von Schwung zu erkennen und als solchen zu akzeptieren und auf natürliche Weise zu verschönern ist in Klaus Balkenhols Augen eine Kunst. „Denn jedes Pferd hat eine etwas anders ausgeprägte Form", betont er. „Der eine kann seinen Schwung über mehr Knieaktion entwickeln, der andere bewegt sich mit mehr geradem Vorderbein. Das Wesentliche aber ist die Aktivität aus der Hinterhand, der Impuls, der das Pferd in der Bewegung nach vorn bringt und letztlich seinen Vorwärtsdrang ausmacht."

„Brentina ist schön wie Mona Lisa."

Je geringer dieser Impuls, desto mehr muss der Reiter arbeiten, sein Pferd immer wieder motivieren. Je energischer das Pferd nach vorn tritt, desto mehr eigenen „Go" bringt es mit. An und für sich ein Vorteil. Doch: „Verfügt ein Pferd über zu viel Vorwärtsdrang, neigen viele Reiter dazu, den natürlichen Schwung wegzureiten, da sie andauernd auf der Bremse stehen." Ein Pferd dagegen mit wenig Schwung und wenig „Go" verliert im Allgemeinen an Ausdruck, wenn der Reiter es andauernd „anschieben" muss.

Zu viel, zu wenig – kaum einem Pferd wurde das Optimum mit in die Wiege gelegt. Was aber kann der Reiter tun, um Schwung zu erhalten oder zu entwicken? „Zunächst muss er in der Lage sein, die Skala der Ausbildung vor- und zurückzuspielen", betont Balkenhol zum wiederholten Male eindringlich. „Sie ist die Klaviatur, auf der sich die Reiterei abspielt. Im Rahmen dieser Virtuosität ist es dann

Immer für einen Spaß zu haben: im Karneval als „Ehrenobrist" (linkes Foto re.) bei den „Bonner Stadtsoldaten" oder in einer Quadrille im Robinson Club Fuerteventura (oberes Foto re.) nach den olympischen Spielen.

enorm wichtig, sein Pferd auf alle Hilfen sensibel zu halten. Denn nur dann kann Schwung erhalten bleiben oder verbessert werden." Sensibel – ein wichtiges Stichwort im Balkenhol'schen Ausbildungs-konzept. Wer den „Meister" bei der Arbeit beobachtet, sieht, was er meint. Egal ob Schenkel-, Gewichts-, Zügel- oder Touchierhilfe – alles wird eindeutig und fein, bei Bedarf aber auch mal energisch und prompt gegeben. Reagiert ein Pferd zum Bespiel nicht sofort und umgehend auf den ruhig und sanft vorwärtstreibenden Schen-

„Ein Pferd muss immer verstehen, was der Reiter von ihm erwartet."

kel, gibt's einen konsequenten und energischen Schenkel- oder Ger-tenimpuls, gefolgt allerdings von sofortigem Lob, wenn das Pferd nach vorn geht. „Es ist wichtig, dass ein Pferd versteht, was es soll. Es muss begreifen, auf welche Hilfe es wie reagieren soll. Und das geht eben nicht, indem man es straft oder unaufhörlich traktiert, sondern indem man ihm kurz ganz klar sagt, wo's lang geht und dann – wenn es richtig reagiert – sofort lobt. Auf diese Weise bleibt oder wird ein Pferd sensibel und es ensteht Kommunikation statt Zwang."

Je nach unterschiedlichem Pferdetyp empfiehlt Klaus Balkenhol ein etwas unterschiedliches Vorgehen vom Sattel aus. Das übereifrige, unter seinem Reiter zum Weglaufen neigende Pferd, muss vor allem lernen, Paraden anzunehmen, also auf die Hand zu reagieren, statt durch sie wegzulaufen. Nur darüber lassen sich Grundschwung und Vorwärtsdrang regeln. Als Lektionen bieten sich hier an: Schenkel-weichen, Schulterherein und auch ausgiebige Galopparbeit.

Klaus Balkenhol, hier auf Laudatio, brachte im Laufe seiner Karriere rund 20 Grand Prix-Pferde heraus.

bewährt sich der Polizei-Reiter auch als Lehrer und Ausbilder in Sachen Reiterei.

Eine seiner bekanntesten Schüle-rinnen ist Nadine Capellmann, die jüngere Schwester der ehemaligen A-Kader-Reiterin Gina Capellmann. Sie hat eine eigene Anlage in Wür-selen bei Aachen, reist mit ihren Pferden aber immer wieder nach Hilden, um dort mit Klaus Balken-hol zu trainieren. Durch ihn schafft sie den Sprung in die internatio-nale Spitze.

Das triebige Pferd muss immer wieder an die Basis zurückkommen, sprich, es muss wieder vermehrt Richtung Takt, Losgelassenheit und Anlehnung gearbeitet werden. Außerdem sollte der Reiter Ursachenforschung betreiben. War das Pferd immer triebig oder brütet es vielleicht eine Krankheit aus? Klemmt vielleicht sein Sattel? Oder ist es vom Typ her eher phlegmatisch und bequem? Im Falle einer Erkrankung muss natürlich erst wieder die volle Gesundheit hergestellt werden, bevor man an der Sensibilisierung arbeiten kann. Ist dagegen gesundheitlich alles in Ordnung, muss das sensible Reagieren auf die Hilfen im Vordergrund stehen.

„Der Reiter darf auf keinen Fall dauernd mit starken Hilfen arbeiten, um sein Pferd nach vorne zu treiben, denn das geht auf Kosten des Ausdrucks und es stumpft auf Dauer auch ab. Stattdessen muss man

Auch bei der Arbeit vom Boden aus (hier La Picolina unter der Autorin Britta Schöffmann) achtet Balkenhol darauf, die Touchierhilfen wenn nötig einmal energisch (Foto 1), dann aber sofort wieder ganz fein dosiert (Foto 2) zu geben.

PFERDE, PFERDE, PFERDE

Klaus Balkenhol ist inzwischen zum halben Profi geworden. Nach dem polizeilichen Feierabend trainiert er täglich viele weitere Pferde, bringt jede Menge in den Grand-Prix-Sport. Auch Tochter Anabel reitet – meist unterrichtet von ihrer Mutter – inzwischen fleißig bis in die höchsten Klassen. Die Familientradition ist gesichert, alle drei Balkenhols sind „pferdeverrückt".

ATLANTA

Die zweiten Olympischen Spiele sollen noch einmal Polizei-Hauptmeister Balkenhols reiterliche Karriere krönen. Doch zunächst werden er und Goldi 1995 wieder Mannschafts-Europameister und zum vierten Mal Deutsche Meister. 1996 gehören die beiden in Atlanta erneut zum Olympia-Team, haben sich in der Vorbereitung auf die Spiele beurlauben lassen. Zu diesem Zeitpunkt ist allerdings auch

Das Reiten in Dehnungshaltung stellt immer einen Kernpunkt der Balkenhol'schen Ausbildung dar.

einige Male energisch mit dem Schenkel kommen, reicht das nicht, zunächst Sporen, dann eventuell auch die Gerte hinzunehmen, um die gewünschte Reaktion zu erreichen. Tritt sie ein, muss sofort gelobt werden, damit das Pferd versteht: Aha, das ist es, was mein Reiter will. Mit der Zeit muss der Reiter dann wieder immer feiner mit seinen Hilfen werden. Auf diese Weise wird sich auch der Grundschwung wieder verbessern, der ja Basis ist für eine später ausdrucksvolle Versammlung."

schon abzusehen, dass Klaus Balkenhol, inzwischen 57 Jahre alt, für das Bundestrainer-Amt gehandelt wird.

War Barcelona in der Erinnerung des Ex-Polizisten ein besonders schönes Ereignis, so wird Atlanta für ihn ein wenig zur Enttäuschung. Zwar bleibt der Erfolg nicht aus – Mannschafts-Gold und Platz sechs in der Einzelwertung – doch ist die Stimmung im Team nicht ungetrübt. Balkenhol erinnert sich: „Nadine Capellmann, die inzwi-

schen Gracioso von uns gekauft hatte, war als Ersatzreiterin mit, und einigen hat nicht gefallen, dass ich nicht nur Mannschafts-Reiter, sondern auch ihr Ausbilder und darüber hinaus designierter Bundestrainer war. Der Rückhalt aus der Verbandsspitze war zwar groß, doch aus dem Lager der Reiter wurden mir einige Knüppel zwischen die Beine geworfen. Das hat mich sehr traurig gemacht und trübt bis heute die Erinnerung an die Spiele von Altanta."

Nach Balkenhols Überzeugung bringt dieses Vorgehen auch bei vermeintlich faulen Pferden wesentlich mehr, als das unablässige Vorwärtstreiben im Sekundentakt. „Das ist vergleichbar mit einem Menschen, der immer nur herumbrüllt. Auf ihn reagiert irgendwann auch niemand mehr. Wird dagegen jemand mal laut, der ansonsten sehr ruhig und leise spricht, kann er sich der Aufmerksamkeit seiner Umwelt sicher sein. Es ist genau diese Konzentration, die der Reiter auch von seinem Pferd haben möchte." Allerdings, so gibt er zu, seien Pferde, die über einen natürlichen eigenen Bewegungsdrang verfügen, für die Dressurreiterei meist eher geeignet. Trotzdem ist auch hier für die echte Schwungentfaltung die Losgelassenheit absolute Grundvoraussetzung. „Schwung, echten Schwung, gibt es nur in Verbindung mit Losgelassenheit. Alles andere ist Show-Reiterei und entspricht nicht den klassischen Grundsätzen."

Das Erkennen „echten" Schwungs ist eine Sache, das Erhalten eine andere. Und genauso schwierig ist das Verbessern des natürlichen Grundschwungs. Im Stall Balkenhol nimmt man sich dafür alle Zeit, die es braucht. Geht ein Vierjähriger schwungvoll, aber vielleicht noch ein wenig ausdruckslos – was macht das schon? Nichts. Denn die Verschönerung des Schwungs geschieht nach Balkenhols Ansicht nur über fortschreitende Gymnastizierung, über Kraftzuwachs und vermehrte Durchlässigkeit. „Ein Pferd muss körperlich und auch mental erst in die Lage versetzt werden, seinen natürlichen Schwung so zu präsentieren, dass er ausdrucksvoller herüberkommt. Das geht

Ein Pferd muss sensibel bleiben, damit es auf feinste Reiterhilfen reagiert.

Das Wohnhaus der Balkenhols im typisch münsterländischen Hof-Stil.

DER EIGENE HOF

Balkenhol kehrt nach den Spielen nach Hause zurück, ein Zuhause, dass noch einmal von Umzugsvorbereitungen geprägt ist. Die Familie hat einen Bauernhof in Rosendahl gefunden, nur wenige Kilometer entfernt von Balkenhols Geburtsort Velen.

aber erst, wenn sich das Pferd selbst tragen kann. Das Herumgerase in manchen Reitpferdeprüfungen macht für mich deshalb überhaupt keinen Sinn."

Von Anfang an sehr sorgsam und geduldig gefördert wurde deshalb auch der Hohenstein-Sohn His Highness. Der traumhaft schöne Rapphengst, im Jahr 2002 Siegerhengst in Verden und im Anschluss daran vom US-amerikanischen Ehepaar Leatherdale gekauft und wenige Monate später Klaus Balkenhol zur Ausbildung an die Hand gegeben, verfügt über drei herausragende Grundgangarten und über ganz viel natürlichen Schwung.

"Klar, man könnte mit ein bisschen Druck hier und ein bisschen Druck da wesentlich spektakulärere Bewegungen aus His Highness herauskitzeln", erklärt Balkenhol. "Aber das ist nicht unser Anliegen, denn es wäre nur kurzfristige Effekthascherei. Ich möchte dagegen, dass diese wunderbare Art und Weise, in der sich der Rappe von Natur aus bewegt, erhalten bleibt und lediglich kultiviert wird, nicht verkünstelt und damit zerstört."

Wer die Entwicklung dieses Pferdes über die Wochen und Monate beobachtet, versteht, was der Olympionike meint. Man sieht His Highness die Freude an der Bewegung an – und jedem, der in seinem Sattel sitzt, ebenfalls. Der Rappe federt bei jedem Tritt und Sprung, scheint seinen Reiter dabei in den Sattel zu saugen. "Genau das ist es, was echten und natürlichen Schwung ausmacht. Im Gegensatz zu künstlich erzeugten Spanntritten, die das Sitzgefühl

„Das Herumgerase in manchen Reitpferdeprüfungen macht für mich keinen Sinn."

Dort geht der Traum von der eigenen Anlage in Erfüllung. 25 Boxen, Reithalle, 60-Meter-Außenplatz umgeben von Weiden, Wald und Wiesen. Bis alles fertig ist, sind die Pferde vorübergehend am DOKR in Warendorf untergebracht.

Der eigene Hof – Halle und Dressurviereck liegen quasi vor dem Wohnzimmerfenster.

schlechter werden lassen, kann das Sitzen auf einem korrekt schwingenden Pferd wie auf Wolken sein – so wie auf His Highness eben", schwärmt Klaus Balkenhol.

Doch nicht alle Pferde verfügen über einen so federnden Schwung wie der Ausnahmehengst. Oder er wurde ihnen durch falsche Arbeit längst abgewöhnt. Grund für Hoffnungslosigkeit? „Natürlich nicht", tröstet Balkenhol. „Zwar kann man nicht davon ausgehen, dass alle

1 Aus der Dehnungshaltung soll sich ein Pferd ohne Zwang jederzeit ...

2 ...in die Gebrauchshaltung aufnehmen lassen und umgekehrt – alles ganz unspektakulär

LAUFBAHNENDE IN MÜNSTER

Balkenhol tritt nun das Amt des Bundestrainers der Deutschen Dressurreiter an. Seine neue Verpflichtung nimmt er sehr ernst. Um allen gerecht zu werden, hängt er seine eigenen Turnierstiefel an den Nagel, will nur noch als Trainer arbeiten. Beinahe zwangsläufig ist damit auch Goldsterns Karriere als Dressur-Star beendet. Atlanta war sein letztes Turnier.

Auf Garçon feierte Klaus Balkenhol seinen letzten Sieg.

Pferde über gleich viel Schwung-Potenzial verfügen. Manche haben eben mehr, manche weniger.

Elvis von Nadine zum Beispiel ist ein Pferd mit ganz enorm viel natürlichem Schwung und einem extrem aktiven Hinterbein. Aber auch normal ausgestattete Pferde kann man in seinen Möglichkeiten und Grenzen zu einem schwungvollen Bewegungsablauf bringen – wenn sie nicht gerade Oleander heißen ...“

BALKENHOLS „SCHWUNG-REZEPT“

▸ Ein junges Pferd nicht durch ein Zuviel an Vorwärts aus der Balance bringen.

▸ Auf der anderen Seite auch nicht dauernd „auf der Bremse“ stehen.

▸ Das Pferd immer sensibel auf die vorwärtstreibenden Hilfen halten.

▸ Durch den Wechsel von Zulegen und Einfangen die Konzentration des Pferdes auf den Reiter fokussieren.

▸ Die feine Akzeptanz der Handeinwirkung schulen.

▸ Die Selbsthaltung des Pferdes fördern (durch Seitengänge, halbe Paraden, Heranholen der Hinterhand).

▸ Später lässt sich durch versammelnde Lektionen und das damit verbundene vermehrte Untertreten (und den Kraftzuwachs) der Schwung nochmals verbessern.

Ein wenig später reitet auch sein „Chef“ seinen letzten Grand Prix: In Münster, dort, wo einst der Durchbruch in die Spitze gelang, siegt Balkenhol im Sattel des Rapphengstes Garçon, den er ebenfalls bis „ganz oben“ ausgebildet hat.

Beeindruckend: „Goldies“ letzter Tanz zu Kastagnetten-Klängen

GERADERICHTUNG – EINE UNENDLICHE GESCHICHTE

Wer einmal auf einem von Klaus Balkenhol trainierten und gearbeiteten Pferd gesessen hat, weiß, wie es sich anfühlt, wenn ein Pferd geradegerichtet ist. Wenn es auf beiden Händen gleich angenehm zu reiten ist, wenn die Qualität der Lektionen linksherum genauso ist

Schnurgerade gesprungene Einerwechsel (hier Aragon unter Günter Seidel) sind das Ergebnis jahrelanger korrekter Arbeit.

ABSCHIED VON „GOLDIE"

Doch nun ist Schluss, Goldstern bleibt bei Balkenhol, geht 1999 offiziell „in Rente". Der NRW-Innenminister schenkt Oberkommissar Balkenhol, der inzwischen, bei Erhalt seiner Rentenansprüche, vorzeitig aus dem Polizeidienst ausgeschieden ist, das ehemalige Erfolgspferd. Im selben Jahr wird Goldi bei der Equitana Essen vom Publikum verabschiedet, ein letztes

1999: Goldsterns Abschied während der Equitana in Essen

Die natürliche Schiefe eines Pferdes kann sich bei falscher Einwirkung bis ins Genick fortsetzen und dort zum Verwerfen führen.

wie rechtsherum – ohne Abstriche, ohne Schwächen, ohne einseitige Festigkeit. Ein gutes Gefühl, aber eines, das zu erreichen viel Arbeit und vor allem auch viel Know-how erfordert. Dass alle Pferde eine natürliche Schiefe mitbringen, weiß vermutlich jedes Kind – zumindest jedes reitende Kind, das mal einen Reitabzeichen-Lehrgang absolviert hat. Aber mit dieser natürlichen Schiefe umzugehen, sie zu verringern oder gar ganz abzustellen, das stellt sogar viele gute und erfahrene Reiter vor echte Schwierigkeiten.

„Wie man mit dem Problem umgeht, ist auch eine Frage des Pferdealters", so Klaus Balkenhol. „Bei jungen Pferden hängen Schiefe und mangelnde Balance sehr eng zusammen, bei älteren Pferden hat sich die Schiefe oft schon muskulär so weit ausgeprägt, dass es schwer ist, sie wieder geradezurichten. Ein großer Fehler ist es auf jeden Fall, dauernd zu versuchen, sein in sich schiefes Pferd mit Kraft und großem Körpereinsatz gerader zu bekommen. Es ist vielmehr die dauernde, von einem guten und routinierten Reiter oft unbewusst im Hintergrund seiner Dressurarbeit ablaufende feine Korrektur, die zum Ziel führt."

Bei der Arbeit mit den ihm anvertrauten Pferden achtet Klaus Balkenhol stets darauf, nur so viel Vorwärts zu verlangen, wie das Pferd überhaupt in der Lage ist, dies so gerade wie möglich umzusetzen. „Junge Pferde haben noch nicht genügend Kraft in der Hinterhand. In der Vorwärtsbewegung im Trab bekommen sie, vor allem unter dem Reiter, deshalb ihre Vorderbeine oft nicht schnell genug vom

Mal zu den Kastagnetten-Klängen, ein letztes Mal unter tosendem Applaus.

Sein Altenteil verbringt Ex-Polizeipferd Goldi auf der Balkenhol'schen Anlage. Er geht auf die Wiese, wird noch täglich geritten und beherrscht nach wie vor das ganze Programm. Am 22. Juni 2003 stirbt er 22-jährig an den Folgen einer Darmverschlingung.

VOM BUNDESTRAINER ZUM COACH

Vier Jahre lang bleibt Klaus Balkenhol Dressur-Bundestrainer, „sammelt" in dieser Zeit mit der Deutschen Equipe Gold-Medaillen auf zwei Europameisterschaften, einer Weltmeisterschaft und bei den Olympischen Spielen. Doch das Amt zehrt, vor allem die vielen Querelen, denen er sich gegenüber sieht. Nach wie vor trainiert er seine Schülerin Nadine Capell-

Boden weg, während die Hinterbeine sehr weit vorgreifen. Sind sie dann auch noch ein wenig schief, müssen sie ganz einfach – um sich nicht selbst in die Hanken zu treten, mit der Hinterhand seitlich ausweichen. Forciert der Reiter das Vorwärtstraben also zu sehr, erreicht er – statt die Schiefe abzustellen – genau das Gegenteil."
Grundvoraussetzung für die Korrektur der Schiefe ist deshalb auch hier wieder das Vorgehen nach der Skala der Ausbildung. Takt, Losgelassenheit, Anlehnung und auch Schwung müssen deshalb so sicher und so weit gefördert sein, dass das Pferd überhaupt erst die notwendige Balance und Kraft für die angestrebte Geraderichtung entwickelt.

„Da ich im Laufe der Jahre sehr viel Erfahrung gesammelt habe und auch die Reiter, die ich trainiere, auf einem hohen Niveau reiten, stellt sich mir das Problem der Schiefe heute meist gar nicht mehr so drastisch. Latent ist es aber selbst bei weit ausgebildeten Pferden nicht zu unterschätzen. Goldstern zum Beispiel hatte anfangs eine sehr ausgeprägte natürliche Schiefe. In der Arbeit musste ich immer wieder daran denken und ganz bewusst vorgehen. Tat ich das mal nicht konsequent, schlichen sich schnell Unsicherheiten ein. In Prüfungen konnte dies dann auch schon mal die Ursache für Wechselfehler sein. Sehr schief war mein erstes Erfolgspferd Rabauke. Als junges Pferd lief er dadurch zeitweise sogar ungerade, war fast ein wenig lahm." Dass aus dem Fuchs trotzdem ein erfolgreiches Grand Prix-Pferd wurde, lag unter anderem auch an der sorgfältigen und

Rabauke war anfangs so schief, dass er sich extrem in die Kurven legte.

Auch in seiner Rolle als Deutscher Bundestrainer sammelte Klaus Balkenhol viele Erfolge. Im Bild v. li.: Isabell Werth, Klaus Balkenhol, Alexandra Simons-de Ridder, Dr. Uwe Schulten-Baumer, Nadine Capellmann, Equipe-Chef Anton Fischer und Ulla Salzgeber

geschickten Art seines Reiters, die Schiefe langsam, aber stetig ohne Krafteinsatz zu korrigieren. Balkenhol arbeitete Rabauke viel auf der linken Hand außengestellt durch die Ecken. „Erst mit der Zeit kräftigte sich seine Muskulatur so weit", erinnert er sich, „dass man ihn

„Geraderichtung lässt sich nicht mit reiterlicher Kraft erreichen, sondern nur mit stetiger, feiner Korrektur."

Mit der inneren Hand fragt Klaus Balkenhol auf His Highness mit feiner Hilfe ein wenig Stellung ab.

mann, ein Umstand, der nicht allen gefällt. Man wirft ihm Interessenskonflikte vor. „Die viele Politik, die hinter meinem Rücken gemacht wurde, das war einfach nicht mein Ding", resümiert er heute. Ende 2000 gibt er sein Bundestraineramt entnervt auf.

Doch Zeit für einen gemütlichen Vorruhestand bleibt nicht, im Gegenteil. Nie war Klaus Balkenhol gefragter als jetzt. Anfragen aus dem Ausland gehen beinahe täglich ein.

Darunter auch das Angebot aus den USA, die dortigen Spitzenreiter als Nationaltrainer zu coachen und den US-Dressursport international weiter nach vorne zu bringen. Knapp ein Jahr nach der Jahrtausendwende unterschreibt Klaus Balkenhol 2001 einen Vertrag mit dem amerikanischen Verband. „Die Vorstellung, neue Menschen und fremde Länder kennenzulernen sowie die Herausforderung, einem Land bei seinem weiteren reiterlichen Aufbau zu helfen, es

gerader bekam und nach und nach in korrekter Stellung und Biegung durch die Wendungen reiten konnte." Ein ganzes Jahr dauerte
es, bis Rabauke nicht nur in sich geradegerichtet, sondern auch
gleichmäßig durch die Ecken kam.

Das vorübergehende Reiten in Außenstellung hält Klaus Balkenhol
bei einseitig festen und unausbalancierten Pferden für immens
wichtig. Was schon Waldemar Seunig (1887–1976) in seinem Werk
„Am Pulsschlag der Reitkunst" beschrieb und seinerzeit dem wissbe-
gierigen jungen Klaus Balkenhol quasi schwarz auf weiß präsentier-
te, lässt sich auch bei freilaufenden Pferden beobachten. „Schauen
Sie sich einmal ein Pferd an, das ohne Reiter durch die Halle galop-
piert. Je schneller es wird und je mehr Gleichgewichtsprobleme es
noch hat, desto mehr wird es in den Ecken nach außen schauen –
ganz einfach, um seine Balance wiederherzustellen, auch ohne
Längsbiegung."

Mit der Außenstellung allein ist es aber nicht getan. Wichtig ist vielmehr, dass das Pferd – wenn es in die Gegenrichtung gestellt ist –
auch in der Ganasche nachgibt. „Das Pferd muss lernen, dass es,
wenn zum Beispiel der linke Zügel angenommen wird, sich auch
links stellen muss, dort nachgibt, sich einen Moment selbst trägt und
sich dabei geraderichtet", erklärt Klaus Balkenhol, während er His
Highness reitet. Der schicke Hengst reagiert sofort auf die Hilfen seines Reiters, stellt und biegt sich je nach Aufforderung gleichmäßig
links oder rechts. „Das Geheimnis", so Balkenhol, „liegt im richtigen

„Es dauerte ein ganzes Jahr, bis Rabauke in sich geradegerichtet und takt-sicher um die Kurven kam."

stärker zu machen, das hat mich
gereizt", erklärt er seinem Entschluss, sich jenseits des großen
Teichs zu engagieren.

Inzwischen führt Klaus Balkenhol mit
kritischem Blick vom Trainerstuhl aus
Regie.

Nachgeben. Es muss genau in dem Moment geschehen, in dem das Pferd nachgibt – und sei es auch nur für einen kleinen Augenblick. Nur so lernt es die Selbsthaltung. Die meisten Leute machen hier den Fehler, entweder zu früh mit der Hand vorzugeben, also bevor das Pferd nachgegeben hat. Oder sie bleiben zu lange mit der Hand dran und erlauben dem Pferd gar keine Selbsthaltung und damit auch keine Geraderichtung."

„Probleme in Piaffen, Passagen oder Wechseln sind häufig eine Frage mangelnder Gerade-richtung."

Die größten Vergehen auf dem Weg zur Geraderichtung sind nach Meinung des erfahrenen Ausbilders der Einsatz von Körperkraft oder gar Gewalt. „Man kann ein Pferd nicht gerade ziehen oder zwingen. Damit erreicht man nur Verspannung, die Entwicklung der ‚fal-schen' Muskulatur und damit auf Dauer mehr und mehr einseitige Schiefe. Stattdessen muss man sich als Reiter immer wieder den Be-griff ‚Gymnastizierung' vor Augen führen. Gymnastizierung, nicht Body Building. Nur wenn sich beim Pferd die Muskulatur auf beiden Körperseiten in Sachen Beweglichkeit und Kraft gleich entwickelt, kann es in sich gerade gerichtet alle Lektionen links wie rechts gleich gut und zwanglos absolvieren." Schiefe Pferde sieht man überall, in den niedrigeren Levels häufiger als in den höheren Klassen. Aber auch dort ist die Schiefe vom erfahrenen Betrachter gut zu entlarven. Nicht unbedingt in seitlich spurenden Hufen, dafür aber in den schweren Lektionen. „Alle Pferde, die Probleme mit den Piaff-Passa-ge-Übergängen haben, die ungleich passagieren oder zu Wechselfeh-lern neigen, haben als Ursache Probleme mit der Geraderichtung."

WELTMEISTERLICH

Wieder einmal ändert sich das Leben des Klaus Balkenhol. Statt geruhsamem Trainer-Alltag auf der eigenen Anlage heißt es nun regel-mäßig Koffer packen und über den großen Teich fliegen. Daneben trai-niert er nach wie vor unter ande-rem Nadine Capellmann, die auf Gracioso inzwischen mehrmals

Klaus Balkenhol und Star-Schülerin Nadine Capellmann

Auch für solch eine aus-
drucksvolle und gleichmäßige
Trabverstärkung muss ein
Pferd in sich geradegerichtet
sein.

Deutsche Meisterin wurde und mit dem bunten Fuchs Farbenfroh ein weiteres Spitzenpferd im Stall hat. Und auch die Arbeit mit den amerikanischen Reitern macht dem Mann aus dem Münsterland, der nach und nach über ‚learning by doing‘ ein wenig Englisch lernt, großen Spaß. Ihn freut vor allem der freundschaftliche Umgang der US-Reiter untereinander. „In Amerika ist man nicht neidisch auf den Erfolg anderer" erklärt er, „sondern man freut sich für den anderen.

Erfolg wird ehrlich anerkannt – auch von Mitkonkurrenten." In den USA gibt Balkenhol nun regelmäßig Lehrgänge, formt Reiter und Pferde und stellt sich ein schlagkräftiges Team zusammen.
Sein Hof in Rosendahl wird zum Trainingslager der amerikanischen Reiter.
Ehefrau Judith organisiert im Hintergrund, beschafft Flugtickets, Visa, Fremdenzimmer, plant die Reisen und weiß auch in kleinen Notfällen Rat.

VON DER VERSAMMLUNG ZUM TANZ

„Eine ausdrucksvolle und losgelassene Versammlung zeigt, dass der Reiter das Bisherige verstanden hat."

Die ganz großen Erfolge im Sattel feierte Klaus Balkenhol in seiner aktiven Reiterzeit mit seinem Polizeipferd Goldstern, dem kleinen Fuchs mit den großen Möglichkeiten. Die beiden gewannen nicht nur beinahe alles, was es zu gewinnen galt, sie wurden auch Vize-Weltmeister in der Kür. Über Jahre tanzte „Goldi" zu Kastagnetten-Musik, ein bodenständiger Westfale zu feurigen, spanischen Klängen. Dass das Ganze trotzdem so gut passte, lag nicht nur am perfekten Musikarrangement. Es lag auch daran, dass Goldstern Versammlung in höchster Kadenz beherrschte, dass er auf jeden noch so kleinen Fingerzeig, sprich jede noch so kleine Hilfe seines Reiters, entspannt und losgelassen reagierte und die beiden die ganze Klaviatur eines Kür-Ritts scheinbar ohne Anstrengung abspielen konnten. So etwas geht nur, wenn auf dem Weg dahin die notwendige Grundlage für „echte" Versammlung gelegt wurde.

„Versammlung ergibt sich aus der bisher geleisteten Arbeit nach der Ausbildungsskala", betont Balkenhol. „Eine ausdrucksvolle, losgelassene und spielerisch wirkende Versammlung beantwortet die Frage, ob Reiter und Pferd das Bisherige verstanden haben. Wir wollen die Versammlung erreichen als Folge einer systematischen Arbeit mit dem Pferd, Versammlung also, die über Kraft und Ausdauer der Hinterhand über den Rücken mehr Kadenz und Erhabenheit mit

Die Reiter fühlen sich wohl in Rosendahl und stehen voll und ganz hinter ihrem Coach.

2002 in Jerez de la Frontera ist es so weit: Erstmals in der Geschichte des Dressursports gewinnt eine US-Equipe (Debbie McDonald, Günter Seidel, Sue Blinks, Lisa Wilcox) eine Silber-Medaille bei einer Weltmeisterschaft und stellt in der Einzelwertung außerdem drei Reiter unter den Top-Ten. Ein nie zuvor dagewesener Erfolg. Und Balkenhols Erfolg als Trainer erfährt eine weitere Krönung: Seine Top-Schülerin Nadine Capellmann gewinnt auf Farbenfroh Mannschafts- und Einzelgold.

OLYMP & TRAUER

Der Erfolg der amerikanischen Equipe beflügelt den Dressursport jenseits des Großen Teichs. Die USA entwickeln sich nach und nach zu einer festen Größe im

Goldstern entwickelte im Laufe seiner Karriere eine Piaff-Passage-Tour von tänzerischer Leichtigkeit.

Kampf um Nationenpreise und Medaillen.
Mit seiner privaten Star-Schülerin Nadine Capellmann dagegen hat er Pech. Ihr Erfolgspferd Farbenfroh verletzt sich und fällt lange Zeit aus. Ein Comeback-Versuch der beiden scheitert, der außergewöhnliche Fuchs findet nie wieder zu seiner Form zurück, kränkelt jahrelang immer wieder und erleidet schließlich nach einer kleinen OP in der Aufwachbox einen Oberschenkelhalsbruch.

Farbenfroh muss – gerade mal 14 Jahre alt – im Olympiajahr 2004 wenige Tage vor Heiligabend eingeschläfert werden.
Im selben Jahr, bei den Olympischen Spielen von Athen, führt Klaus Balkenhol seine US-Reiter (Debbie McDonald, Robert Dover, Günter Seidel, Lisa Wilcox) zur Bronzemedaille.

Nur aus einer getragenen Versammlung lässt sich eine optimale Verstärkung entwickeln (hier Roche unter US-Reiter George Morris)

sich bringt." Dass die tägliche Realität oft anders aussieht, schmerzt den Pferdefreund fast körperlich. „Das, was manche Reiter für Versammlung halten, diese auf Schau ausgerichteten Schwebetritte schon bei jungen Pferden, ist meiner Meinung nach reine Augenwischerei. Und zu allem Übel geht dies auf Kosten der Pferde, die dann über kurz oder lang dabei gesundheitlichen Schaden erleiden werden."

DIE TRENNUNG

Nach wie vor kümmert sich Balkenhol weiter um seine Schülerin Nadine Capellmann, arbeitet mit ihr, ihren Nachwuchspferden sowie einigen Neuerwerbungen. Lediglich den frechen Youngster Elvis hatte die Würselenerin auf Drängen ihres Trainers schon vor der Weltmeisterschaft von Jerez zu Berufsreiter Heiner Schiergen nach Krefeld gestellt. Zu groß war das Risiko, sich vor der WM auf dem gerne buckelnden jungen Springinsfeld, der bereits drei Olympioniken in den Sand gesetzt hatte, zu verletzen. „Dreizehn Jahre habe ich Nadine trainiert", so Balkenhol heute, „und es hat mir sehr viel Freude bereitet, sie auf ihrem Weg in die internationale Spitze zu begleiten. Der US-Verband hat es natürlich nicht ganz so gerne gesehen, dass ich eine Deutsche trainiere, die dann auch noch Doppel-Weltmeisterin wird. Aber ich habe das immer durchgesetzt, das war ich Nadine und un-

Wenn Klaus Balkenhol reitet oder unterrichtet, achtet er immer darauf, dass die Versammlung in allen drei Grundgangarten seinen An-
sprüchen entspricht. Im versammelten Schritt will er den klaren
Viertakt eines sich selbst tragenden, erhaben schreitenden, leicht an
der Hand stehenden Pferdes sehen bei klarem Vortritt und aktivem
Abfußen. Kein „schwammiges, langsames Dahintasten". Im versammelten Trab und Galopp will er kadenzierte Tritte und Sprünge bei
immer klar erkennbarem Vorwärts-Impuls sehen, die Pferdenase an
der Senkrechten und das Genick als höchstem Punkt.
„Die Qualität der Versammlung zeigt sich hier oft auch sehr schön
bei den Verstärkungen, vor allem im Trab", erklärt Balkenhol. „Für

**Wechsel zwischen hoher Ver-
sammlung und Zulegen fördern
den „Antritt", die Kraft aus der
Hinterhand des Pferdes.**

*„Die Qualität der Ver-
sammlung zeigt sich auch
bei den Verstärkungen."*

serer langen Zusammenarbeit
schuldig." 2005 geht diese lange
und höchst erfolgreiche Zusammenarbeit auseinander, als Nadine
Capellmann wieder mit Martin
Schaudt liiert ist. Von nun an
möchte er das Training der Capellmann'schen Pferde übernehmen –
eine allerdings zeitlich eher be-
grenzte Zusammenarbeit.

**Dreizehn Jahre lang ein Winning-Team:
Klaus Balkenhol und Nadine Capellmann,
2005 trennten sich ihre Wege.**

Gracioso und Klaus Balkenhol in höchster Versammlung und Harmonie

WELTWEIT GEFRAGT

Klaus Balkenhol hat kaum Zeit, sich die Enttäuschung anmerken zu lassen. Zu groß ist die Nachfrage nach Trainingsmöglichkeiten bei dem pensionierten Ex-Polizisten. Sein idyllischer Hof in Rosendahl ist inzwischen zum Anlaufpunkt nationaler und internationaler Reitergrößen geworden. Hinzu kommen weiterhin die vielen Ausbildungs-Aufenthalte in den USA in seiner Eigenschaft als US-Coach, außerdem weltweite Vortragsreisen zum Thema „klassische Dressurausbildung" und natürlich seine eigene Reitleidenschaft.

Auch heute sitzt der Meister noch täglich selbst im Sattel, arbeitet seine eigenen Pferde, die nun Tochter Anabel („Belli") erfolgreich vorstellt, und setzt sich auch nach wie vor auch auf die Pferde seiner Schüler, um zu fühlen, zu korrigieren und den Reitern ‚mal eben' zu zeigen, wie es aussehen soll.

ein Pferd ist es nämlich sehr anstrengend, sich mit großem Raumgriff in Selbsthaltung und leichter Halsdehnung im vermehrten Vorwärts zu tragen. Dies gelingt nur, wenn die Versammlung an sich
stimmt. Der Begriff Rahmenerweiterung ist hier für mich sehr wichtig, wobei Rahmenerweiterung natürlich nicht heißt, dass das Pferd
nun einen langen Hals macht. Wenn es das tut, verfügt seine Hinterhand noch nicht über genügend Kraft. Ein zu kurz gezogener Hals,
ein Bild, an das sich in den letzten Jahren leider allzu viele Reiter
und Richter gewöhnt haben, ist aber ebenfalls Ausdruck eines Ver-
sammlungsmangels. Ein Pferd kann eben nur so weit vorschwingen,
wie es sein Rahmen erlaubt. Wird es vorne zusammengezogen,
strampelt es vielleicht spektakulärer aufwärts, von über den Rücken
schwingen ist dann aber nichts mehr zu sehen."
Die von Klaus Balkenhol gerittenen und trainierten Pferde schwingen über den Rücken. Halten sie sich mal fest, macht ihr Reiter sofort einen Schritt zurück zur Basis, statt durch mehr Druck Pseudo-
Schwung und Pseudo-Versammlung herauszuquetschen. „Das
Abfragen von Versammlung muss für Reiter und Pferd eine Freude
sein", so sein Plädoyer. „Erst dann wird daraus eine Art Tanz." Gracioso und auch Goldstern waren zwei vierbeinige Athleten, die diesen Tanz auf dem Höhepunkt ihrer Karrieren beinahe spielerisch
beherrschten. „Als sie verstanden hatten, was Versammlung heißt,
konnten sie sie in Perfektion leisten", erinnert sich ihr Reiter. „Es
gab wohl kaum ein Pferd, das exaktere, gewaltigere und schönere

*„Gracioso in der Piaff-
Passage-Tour zu reiten
war etwas ganz Beson-
deres."*

**Klaus Balkenhol auf
His Highness**

Little Big Man unter
Anabel Balkenhol in erhabener
Versammlung

Piaff-Passage-Übergänge ging als Gracioso. Ihn darin zu reiten – das
war schon ein ganz besonderes Gefühl. Das war Harmonie pur."
Ein Gefühl, das auch Anabel Balkenhols Nachwuchspferd Little Big
Man seinem Reiter vermitteln konnte. Der elastische Braune konnte

WEITERE MEDAILLEN

Unter Klaus Balkenhols Führung
reitet die US-Equipe weiterhin auf
Erfolgskurs. Bei den Weltreiterspie-
len von Aachen 2006 gewinnt die
Mannschaft die Bronze-Medaille,
in der Grand Prix Spezial-Einzel-
Wertung erreicht Steffen Peters
einen hervorragenden vierten Platz
– eine weitere Belohnung für die
kontinuierliche Trainingsarbeit.
Schon Wochen vor den „World
Equestrian Games" hatten sich die

amerikanischen Reiter wieder in
Rosendahl aufgehalten, um dort
unter der Anleitung ihres Coaches
zu arbeiten.
„Es macht mir immer wieder Freude zu sehen, wie gut die amerikanischen Reiter miteinander auskom-
men und sich gegenseitig helfen",
freut sich Balkenhol.
Und so wundert's nicht, dass rund
um die Championate auch immer
fleißig gefeiert wird. Reiten, so sind
sich alle einig, soll ja auch Spaß
machen!

scheinbar ohne Kraftaufwand seine großen Vorwärtsbewegungen in ausdrucksvoll getragene Aufwärtsbewegung umsetzen. Eine schwere Krankheit bedeutete jedoch das Aus für das Ausnahmetalent. Mit nur neun Jahren erlag „Litti" (siehe auch großes Foto auf dem Buchumschlag) 2006 einer überraschend festgestellten Darmkrebserkrankung – wenige Wochen, bevor er seinen ersten Grand Prix bestreiten konnte.

Um die Versammlungsfähigkeit eines Pferdes zu fördern und die Versammlungsbereitschaft zu perfektionieren, wird im Stall Balkenhol streng nach der klassischen Lehre gearbeitet. Neben dem Faktor Zeit, den jedes Pferd seiner körperlichen und mentalen Entwicklung entsprechend bekommt, heißt dies für Balkenhol wieder: Ausbildungsskala, Ausbildungsskala, Ausbildungsskala. „Nur über diesen Weg erreicht man als Reiter die Zwanglosigkeit und Losgelassenheit, die auch – trotz aller notwendigen Körperspannung – in allen versammelten Lektionen ausgestrahlt werden sollte." Bei der Erhaltung und Schulung der versammelten Lektionen achtet Klaus Balkenhol – als Reiter und als Coach – immer darauf, dass das Verständnis für die Hilfengebung bei Reiter und Pferd verfeinert wird. Wieder und wieder fragt er deshalb in allen Grundgangarten und allen Tempi halbe Paraden ab. „Der Reiter muss lernen, fein einzuwirken, und das Pferd, fein zu reagieren. Erst wenn es sich über die halben Paraden selbst ausbalanciert, kann es Versammlung leisten – in seiner sportlich höchsten Form in den Piaffen und Passagen."

„Trotz aller Körperspannung sollte immer Losgelassenheit ausgestrahlt werden."

Strahlen nach dem WM-Erfolg von Aachen: Günter Seidel, Debbie McDonald, Steffen Peters, Leslie Morse und Klaus Balkenhol

▶ 95 Das Geheimnis:
Vorbereitung
und Zeit

▶ 98 Erarbeiten,
Verbessern,
Fehler abstellen:
Impuls

▶100 Erarbeiten,
Verbessern,
Fehler abstellen:
Piaffe

▶107 Erarbeiten,
Verbessern,
Fehler abstellen:
Passage

▶114 Erarbeiten,
Verbessern,
Fehler abstellen:
Piaff- und Passage-
Übergänge

▶120 Erarbeiten,
Verbessern,
Fehler abstellen:
Tempiwechsel

DAS GEHEIMNIS: VORBEREITUNG UND ZEIT

Der Ex-Polizist Balkenhol gilt unter Fachleuten als wahrer Piaff-Passage-König. Und auch die übrigen schweren Lektionen sind seine Stärke – gerade weil er sich immer wieder die klassischen Prinzipien vergegenwärtigt. „Eine korrekte Piaffe oder eine ausdrucksvolle Passage sind für mich immer das Ergebnis richtigen Ausbildens. Oft werden aber gerade diese Lektionen zu früh geübt und führen damit in eine Sackgasse, die in Widersetzlichkeit enden kann. Oder aber in einer Pseudo-Lektion, die auf Dauer fehlerhaft ausgeführt wird." Die Bilder auf den Turnierplätzen dieser Welt sprechen für sich. Eilige, kratzende Piaffen mit stützend nach hinten oder vorn gerichteten Vorderbeinen, seitliches Ausweichen der Vorder- oder Hinterbeine, unnatürliches Hochreißen der Beine, Taktstörungen in den Passagen, schleifende Hinterbeine und holprige Übergänge – selten sieht man eine wirklich klassisch schöne (und gute) Pi-und-Pa-Tour. „Meist sind irgendwo auf dem Weg zu diesen Lektionen Fehler gemacht worden, die vom Pferd dann irgendwie kompensiert wurden", so Balkenhol. „Es erfordert schon einen sehr erfahrenen und guten Reiter und auch Ausbilder, dies frühzeitig zu erkennen und zu verhindern. Doch dies ist immens wichtig, denn die Ausbildungsfehler rächen sich – einige sofort, einige erst Jahre später. Einmal eingeübte falsche Bewegungsabläufe beim Pferd sind dann aber nur schwer wieder abzustellen."

Le Bo, Erfolgspferd von Carola Koppelmann, war ein solcher „Piaff-Problemfall". Er hatte sich angewöhnt, mit den Hinterbeinen seitlich aufzufußen, statt sauber in der Spur zu bleiben. Gleichzeitig stützte er die Vorderbeine nach vorn weg, so dass der Rücken nicht mehr ehrlich zum Tragen kommen konnte. Er hatte das Piaffieren einfach falsch gelernt – vermutlich zu einer Zeit, als er noch nicht über genügend Tragkraft verfügte. Mit dem seitlichen Auffußen „ertrickste" sich der schlaue Fuchs seine gestörte Balance in den Piaffen und machte sich diese Bewegung dann so zu eigen, dass er auch nach seiner körperlichen Reifung nicht mehr davon ablassen konnte. Auch Anabel Balkenhols Stute Easy hatte Probleme mit dem Piaffieren. Die hübsche Braune, die erst im Alter von fünf Jahren zu Balkenhols

„Oft werden Piaffe und Passage zu früh geübt."

„Ausbildungsfehler rächen sich – manche auch erst Jahre später."

„Wenn man sich Zeit nimmt, geht fast alles."

Klaus Balkenhol – hier auf dem Hengst Kingston – gilt als Pi- und Pa-Spezialist.

kam, hatte die ersten Piaff-Tritte offenbar falsch und mit zu viel Druck beigebracht bekommen, dabei Spannung und Angst entwickelt und mit nach vorn stützenden Vorderbeinen und explosionsartigen Ausbrüchen reagiert. Zwischenzeitlich hatte sogar Klaus Balkenhol seine Zweifel, ob er Easy's Probleme noch in den Griff bekommen würde. Fünf Jahre später piaffierte sie überragend. „Es hat halt lange gedauert", grinst der „Chef" fröhlich. „Aber wenn man sich die Zeit nimmt, geht fast alles."

Nun ja, an der Zeit mag es gelegen haben. Aber nur zum Teil. Das Geheimnis des Piaff-Königs liegt aber auch darin, sich auf jedes Pferd und seine möglichen Probleme einstellen, sie individuell lösen

und den notwendigen Hinterhand-Impuls wecken zu können. „Le Bo kam aus dem Gleichgewicht, weil er in den Piaffen im Hinterbein zu langsam wurde. Also haben wir uns bemüht, ihn zunächst dazu zu bringen, an ganz leichter Hand die halben Paraden anzunehmen und dabei hinten schneller abzufußen und – das war ganz wichtig – dabei seinen Rücken aufzuwölben." Übergänge und Schulterherein waren das Mittel der Wahl, den Fuchs ausbalanciert an die Hand heran-schwingen zu lassen und den Impuls von hinten wieder aufleben zu lassen bei stetiger Tendenz nach vorwärts. Wenige schnelle Tritte bei der Rückführung statt vieler langsamer (und schlechter). Nach und nach legte Le Bo das Ballotieren, das seitliche Ausweichen, ab. Mit

Tat sich anfangs mit dem Piaffie-ren schwer: Easy, inzwischen Grand Prix-Siegerin

seinen guten Grand Prix-Leistungen schaffte er mit seiner Reiterin den Sprung in den B-Kader.

Auch aus Easy wurde ein erfolgreiches Grand Prix-Pferd. Trotz aller schlechten Vorzeichen. „Mit ihr gingen wir, ähnlich wie mit Debbie McDonalds Stute Brentina, einen anderen Weg. Normalerweise sollte man den Pferden erst die Piaffe und dann die Passage beibringen, weil ihnen das diagonale Abfußen auf der Stelle im allgemeinen leichter fällt, als das Aushalten in der freien Schwebe bei vorschwingendem Hinterbein. Aber da bekanntlich Ausnahmen die Regel bestimmen und man nie vergessen darf, dass Pferde Individuen sind, wählte ich mit Easy den anderen Weg.

„Man darf nie vergessen, dass Pferde Individuen sind!"

Erst Schulung und Perfektionierung der Passage, dann erneutes Beginnen mit der Piaffe. Je gefestigter und losgelassener sie in der Passage wurde, desto weniger regte sie sich auf, wenn man sie nun ein wenig mehr in Richtung Piaffe zurücknahm. Auf diese Weise lernte sie vor allem mental, dass sie vor nichts davonlaufen muss und ihr immer noch der vermeintliche ‚Fluchtweg', also die Passage blieb. Tritt für Tritt akzeptierte sie die Piaff-Hilfen, ohne dabei ihren Kopf und ihre Balance zu verlieren. Wenn ich sie heute entspannt piaffieren sehe, geht mir das Herz auf."

ERARBEITEN, VERBESSERN, FEHLER ABSTELLEN: IMPULS

„Egal, welche Lektion, welche Gangart man reitet – ganz wichtig finde ich den Impuls, also die energische Kraft-Übertragung aus der Hinterhand über den arbeitenden Rücken nach vorn. Ohne diesen Impuls läuft nicht viel, vor allem nicht im Bereich der höheren Versammlung und schweren Lektionen. Dabei unterscheide ich immer zwischen dem Eigenimpuls eines Pferdes, basierend auf dem Interieur, dem Willen zur Mitarbeit sowie dem Drang nach vorne und dem durch Motivation geschaffenen und erhaltenen Impuls. Ist kein oder kaum Eigenimpuls vorhanden, muss ich als Reiter mein Pferd immer zur Mitarbeit auffordern, es ‚bitten', was nicht immer angenehm ist. Ist dieser Eigenimpuls jedoch da, ist es die vorrangigste Pflicht des Reiters ihn zu hegen und zu pflegen, statt ihn im Keim zu

Der Impuls muss immer aus einer aktiv abfußenden Hinterhand kommen (Foto 1), durch den Sand schleifende Hinterhufe (Foto 2) weisen auf mangelnden Impuls hin.

ersticken. Dieses Hegen und Pflegen kann meiner Ansicht nur durch positive Erfahrungen, die das Pferd macht, geschehen. Ich muss als Reiter also immer versuchen, über Motivation zu erreichen, dass mein Pferd Freude an der Arbeit hat. Dies geschieht – neben richtigem Reiten – durch viel Lob und auch Verständnis für die Bedürfnisse eines Pferdes. Ausreiten, Freilauf, Gymnastikspringen – all dies kann ein Pferd motivieren und seinen Eigenimpuls nicht nur am Leben halten, sondern ihn auch noch fördern. In Verbindung mit eindeutigen Reiterhilfen und sensiblen Reaktionen darauf lässt sich auf Dauer mit ganz feiner Einwirkung reiten – was damit sowohl Ziel als auch Voraussetzung für einen dauerhaften Erhalt des Impulses ist. Ist dieser jedoch auf dem Weg der Ausbildung einmal verloren gegangen, sei es durch falsche Reiterei, durch Grobheit oder auch durch Krankheit des Pferdes, kann es sehr, sehr lange dauern, ihn wieder zu erwecken. Damit dies gelingt, muss, wie so oft in der gesamten Reiterei, wieder Ursachenforschung betrieben werden. Habe ich das Pferd zu viel gearbeitet? Habe ich vielleicht zu viel piaffiert? Ist es mental überfordert? Oder hat es vielleicht Muskelkater? Ein erfahrener Reiter wird merken, was nicht stimmt, und sein Tun darauf einstellen. Ein unerfahrener dagegen reagiert oft falsch und

„Unsere Familien kennen sich bereits sehr lange. Dieser Umstand kam mir natürlich sehr gelegen, als ich nach einem Dressurausbilder suchte, der mir mit meinem sehr schwierigen Vollblüter Watermill Stream helfen konnte. Klaus war der Trainer, der mir gezeigt hat, dass auch ein Vielseitigkeitspferd groß traben kann und wie ich dies den oft schwierigen Blütern beibringen kann. Das damals Gelernte kommt mir heute mit all meinen Pferden und Schülern mehr als zugute und hat sicherlich einen großen Anteil an all den Medaillen und Siegen, die ich in den letzten Jahren erreiten konnte."

BETTINA HOY
Vielseitigkeitsreiterin, Olympionikin, Mannschafts-Weltmeisterin, Europameisterin, mehrfache Deutsche Meisterin

versucht, das Pferd zu zwingen. Das sind dann die typischen Momente, in denen die Leute sagen: ‚Da muss das Pferd jetzt mal durch.' Dabei führt Druck im falschen Moment auf lange Sicht zu Impulsverlust und damit zur Verschlechterung des gesamten Reitens, vor allem natürlich auch der schweren Lektionen. Um so etwas zu vermeiden, muss man als Reiter sein Pferd gut verstehen, muss in es hineinhorchen und schnell handeln. Denn ein Pferd wird erst nach langem Leiden anfangen zu klagen."

ERARBEITEN, VERBESSERN, FEHLER ABSTELLEN: PIAFFE

Individuelle Piaff-Optiken veschiedener Pferde: Aragon unter US-Reiter Günther Seidel

„Eigentlich kann man beinahe jedem Pferd das Piaffieren beibringen. Allerdings wird die Qualität der jeweiligen Piaffen sehr unterschiedlich sein, denn sie hängt von verschiedenen Faktoren ab. Das fängt mit dem Exterieur des Pferdes an, außerdem seinem Talent, seinem Nerv und natürlich auch dem reiterlichen Können seines Reiters. Pferde zum Beispiel, die in der Rippe extrem lang sind oder die eine zu stark gewinkelte Hinterhand haben, tun sich mit dem Piaffieren oft eher schwer. Den im Rücken langen Pferden fehlt dann die Fähigkeit, genügend unter den Schwerpunkt zu kommen. Und Pferde mit einer extrem stark gewinkelten Hinterhand fußen oft beim Piaffieren zu weit unter, so dass sie die Balance verlieren.

Ich habe vor Jahren lange mit Willi Schultheis darüber diskutiert, was fürs Piaffieren besser ist – ein eher steiles oder ein stark gewinkeltes Hinterbein. Wir sind beide zu dem Schluss gekommen, dass Pferden mit extremer Winkelung das Piaffieren schwerer fällt. Auch solche, die extrem nervös oder aber besonders faul und triebig sind, haben häufig mit dem Piaffieren Schwierigkeiten. Bei der Auswahl eines Pferdes achte ich deshalb bereits sehr darauf, dass es bezüglich dieser Punkte schon so viel wie möglich von Natur aus mitbringt, also einen korrekten Körperbau mit aktiver Hinterhand, einen harmonisch geformten Rücken und einen lernfreudigen, ausgeglichenen Charakter.

Die ersten Piaff-Tritte, eigentlich nicht viel mehr als ganz kurze Reprisen halber Tritte, frage ich erst ab, wenn das Pferd – immer

La Picolina unter Autorin Britta Schöffmann: gut gesetzt in der Piaffe

Roche unter US-Reiter George Williams: Der Oberarm federt korrekt zur Waagerechten.

vorausgesetzt, es ist auf der Basis der Ausbildungsskala gearbeitet – körperlich und mental stark genug und bereits ganz fein in den halben Paraden zu arbeiten ist. Das ist nicht unbedingt eine Frage des Alters, sondern der Reife eines Pferdes und des freiwilligen sich Darbietens. Schon ein recht junges Pferd kann so rittig und durchlässig reagieren, dass ich die halben Tritte, also das diagonale Treten in mi-

1 Nur ein korrekt ausgebildetes Pferd kann den Wechsel
aus dem Viertakt des
Schritts...

2 ...in den Zweitakt der Piaffe
problemlos meistern.

nimaler Vorwärtsbewegung, versuche. So etwas allerdings von einem
drei- oder vierjährigen Pferd zu fordern, halte ich für Unsinn, denn
in diesem Alter kann ein Pferd noch gar nicht in der Lage sein, echte
Piaff-Tritte zu zeigen, da seine Tragkraft noch nicht entsprechend
entwickelt ist. Wenn ein junges Pferd allerdings von sich heraus das
Antreten anbietet, nehme ich dies mit viel Lob an.
In der Vorbereitung auf erste Piafftritte nutze ich gerne die Seitengänge, vor allem Schulterherein, Travers und Renvers in Schritt und
Trab. Diese Lektionen verbessern die Tragkraft, da das jeweilige innere Hinterbein zur vermehrten Lastaufnahme und zum schmaleren
Spuren animiert wird. Gelingt dies rechts genauso wie links taktrein
und im Trab ohne Schwungverlust, ist der erste Schritt – nein, eigentlich der zweite, denn die halben Paraden kombiniert mit zügi-
gem Wiedervortreten sind der erste – getan. Diesen schnellen Wechsel zwischen vermehrter Trag- und vermehrter Schubkraft erarbeite
ich auch immer wieder in den Trab- und Galopptouren an sich.
Erste vorbereitende halbe Tritte frage ich schließlich ab, indem ich
aus dem versammelten Trab zum Schritt pariere, um sofort wieder
anzutraben und ebenso zügig wieder durchzuparieren.
Dabei lernt das Pferd, im schnellen Wechsel auf die durchhaltenden
und vortreibenden Hilfen zu reagieren. Lernwillige Pferde reagieren

hier oft mit ein wenig Übereifer, der sich vielleicht in einem kleinen Anzackeln nach der Schritt-Parade zeigt – eine Reaktion, die ich in dieser Phase sofort belobe, da es ja eigentlich genau das ist, was ich möchte: ein, zwei diagonale Tritte mit wenig Vorwärts. Durch gleichzeitigen impulsartigen treibenden Einsatz beider Unterschenkel und leichte, zurückspielende Hände bringe ich das Pferd dazu, diese Hilfe mit den halben Tritten zu verknüpfen. Ganz wichtig ist es in dieser Phase, sich mit ganz wenigen solcher Tritte zufriedenzugeben. Selbst wenn es anfangs nur zwei oder drei sind, sollte immer gelobt werden.

Niemals dürfen Lektionen höchster Versammlung mit Gewalt gefordert werden. Wird dabei nämlich zu viel Druck gemacht, verursacht das Spannung und damit fehlerhafte Bewegungsabläufe. Solche Probleme sind später sehr schwer wieder in den Griff zu bekommen – machmal leider auch gar nicht.

Hat ein Pferd dagegen die ersten diagonalen halben Tritte und die damit verbundene Hilfengebung gelernt, hat es also erst einmal verstanden, was ich von ihm will, arbeite ich piaffartige Tritte immer wieder spielerisch ins Programm ein. Erst nur einige wenige und immer im Vorwärts, nach und nach dann auch zehn, zwölf Tritte – immer gerade so viel, wie das Pferd körperlich und mental bereit und in der Lage ist, zu absolvieren. Die Piaffe soll schließlich später etwas sein, das entspannte Erhabenheit ausstrahlt statt hektischem Getrampel auf der Stelle. Wichtig ist immer, dass ein Pferd beim Piaffieren seinen Rücken aufwölbt, ähnlich wie eine Brücke zwischen Vor- und Hinterhand. Die Vorbereitung dafür muss bereits in der Basisarbeit mit dem Pferd geleistet worden sein. Wurden hier in der Vergangenheit Fehler gemacht, hat das Pferd also einen schwachen Rücken oder neigt es dazu, ihn wegzudrücken, wird es auch beim Erlernen der Piaffe Schwierigkeiten haben. Hat ein Pferd im Verlauf seiner Ausbildung dagegen gelernt, in allen anderen versammelten Lektionen Last über die Hinterhand aufzunehmen, wird ihm auch das Anpiaffieren leichterfallen.

Die Qualität einer Piaffe durchläuft dabei unterschiedliche Entwicklungsstufen. Ein Pferd, das das Piaffieren gerade erst gelernt hat, wird dies nicht so erhaben auf der Stelle ausführen können, wie ein älteres, gut ausgebildetes Pferd, das allein aus der Kraft seiner

Piaffe in unterschiedlicher Reife: Oben ein Nachwuchspferd am Beginn der Piaff-Ausbildung, unten ein erfahrenes Grand Prix-Pferd in schöner Selbsthaltung.

„Klaus Balkenhol kann sich unglaublich auf die verschiedensten Pferde einstellen und hat für jedes Pferd und jedes Problem den passenden Tipp. Überhaupt mag ich seine Ruhe und die Art, wie er Pferde ausbildet – eben gemäß der klassischen Grundsätze. Er arbeitet mit den Pferden bestimmt, aber immer ganz fein. Und es ist natürlich beeindruckend, dass er jedem Pferd Piaffe und Passage beibringen kann."

**HELEN
LANGEHANENBERG**
Pferdewirtin, Nachwuchs-Reiterin (Balkenhol: „Sicher eine der talentiertesten, die wir derzeit haben.")

Hinterhand auf der Stelle tretend an die Reiterhand heranfedern kann. Man muss sich deshalb davor hüten, von Anfang an Perfektion zu verlangen. Jedes Pferd braucht seine individuelle Zeit, um eine solch schwere Lektion zur Reife zu bringen. Treten zwischenzeitlich Schwierigkeiten auf, kann ich nur raten, wieder einen Schritt zurückzugehen und an der Basis zu arbeiten, sprich an der Losgelassenheit, den halben Paraden und der Hilfen-Sensibilisierung.

Die beste Korrektur ist allerdings die, die erst gar nicht notwendig wird. Bekommt man aber ein Pferd in die Hand, bei dem bereits Fehler gemacht wurden, oder sind trotz aller Sorgfalt Probleme entstanden, gibt es für (fast) jedes ein passendes ‚Mittel'. So gut, wie bei einer optimal vorbereiteten und erlernten Piaffe wird das Ergebnis vermutlich jedoch nicht werden. Hüten muss man sich auch davor, die Piaffe so sehr mit der Gerte zu unterstützen, dass das Pferd Schmerzen verspürt. Bei guter Ausbildung wird es stattdessen für gutes Gelingen gelobt – nur so entsteht mit der Zeit eine Piaffe, die Leichtigkeit ausstrahlt.

Hat ein Pferd Probleme mit dem Piaffieren, egal, wie sie sich äußern, ist meist mangelnder Eigen-Impuls die Ursache. EinePiaffe kann nur gelingen, wenn das Pferd sie irgendwann auf leichte Hilfe seines Reiters aus sich heraus macht. Ich agiere, das Pferd reagiert. Tut es das nicht, vielleicht, weil es von Anfang an zu viel Druck bekam und deshalb mit Verspannung reagiert oder aber mit schicksalsergebener Unsensibilität, ist es wichtig, sowohl das Vertrauen als auch die Sensibilität wiederherzustellen.

Zum einen muss dazu natürlich erneut Basisarbeit im Sinne der Ausbildungsskala geleistet werden. Zum anderen habe ich festgestellt, dass man – vor allem bei Pferden, die kaum oder gar nicht mehr auf eine leichte Schenkelhilfe reagieren – am einfachsten wieder einen Impuls hervorrufen kann, wenn man während einer energischen Gertenhilfe in Verbindung mit einer beidseitig vortreibenden Schenkelhilfe die Zügel lang, wirklich lang lässt. Dadurch gebe ich dem Pferd das Gefühl ‚aha, ich kann nach vorne weg'.

Bei einem kurzen Zügel und gleichzeitig energischen Hilfen wird dagegen Druck ausgeübt, der meist zu Verspannung und einer Gegenreaktion des Pferdes führt. Statt nach vorn zu gehen, neigen Pferde in solchen Momenten dann dazu, gegen die Touchierhilfe zu arbeiten, statt ein Verständnis für die eigentliche Hilfe zu entwickeln. Bei der Schulung eines Pferdes in der Piaffe darf der Reiter nie vergessen, dass hier nicht nur die Qualität der Basisarbeit auf dem Prüfstand steht, sondern auch jede falsche aktuelle reiterliche Einwirkung das Gelingen einer zwanglosen Piaffe verhindert.

Fürs Foto demonstriert Klaus Balkenhol unterschiedliche reiterliche Einwirkungen und ihre Folgen:

Der Reiter fällt nach vorn und entlastet zu viel, das Pferd klebt am Boden, macht sich im Rücken fest und stützt gegen den Zügel.

Genick zu hoch eingestellt, das Pferd macht sich fest, hebt sich heraus, beginnt zu stützen, wirkt unzufrie- den und verspannt.

Genick zu eng gezogen, das Pferd macht sich fest, lehnt sich nach rückwärts, stemmt hinten heraus und tritt nicht mehr klar diagonal.

Dasselbe Pferd bei korrekter Einwirkung in entspannter Piaffe. Die Stirnlinie ist leicht vor der Senkrechten, das Pferd schwingt an die Reiterhand heran.

PIAFF-FEHLER KORRIGIEREN

STÜTZENDE VORDERBEINE: „Dieser Fehler entsteht meist durch zu frühe Rücknahme in die Piaffe auf der Stelle, bevor das Pferd in der Lage war, sein Gewicht auf der Hinterhand auszubalancieren. Auch zu weit untergeschobene Hinterbeine führen zu stützenden Vorderbeinen. Die Pferde nehmen die Last nicht von hinten nach vorne über den Rücken auf. Hier empfehle ich, wieder mehr Richtung halber Tritte im Vorwärts zu arbeiten. Gelingt dies mit leichter Hand, hilft der Wechsel zwischen zwei, drei Piaff-Tritten auf der Stelle mit Piaff-Tritten im Vorwärts. Dadurch wird die Hinterhand wieder mehr aktiviert, der notwendige Impuls kehrt zurück.“

SEITLICH AUSWEICHENDE HINTERBEINE: „Auch dieses Problem ist mal als eine Reaktion auf mangelnde Balance entstanden. Ist der falsche Bewegungsablauf einmal drin, ist es schwer, ihn wieder abzustellen. Hier kann der vermehrte Wechsel zwischen Schulterherein, Travers und Renvers Abhilfe schaffen, verbunden mit kurzen Reprisen des Anpiaffierens im Schulterherein.“

SEITLICH AUSWEICHENDE VORDERBEINE: „Einmal erlernt, ist dieser Fehler schwer wieder abzustellen. Pferde mit diesem Problem entwickeln wenig Impuls aus der Hinterhand, also zu wenig Vorwärts, das ja auch in der Piaffe auf der Stelle benötigt wird. Dieser Fehler entsteht oft durch Überforderung. Die Pferde stützen mehr als dass sie schwingen. Ich empfehle in einem solchen Fall viel seitliche Arbeit, also piaffartige Tritte im Schultervor, um wieder einen besseren Kontakt zur Hand und damit eine korrekte Anlehnung zu bekommen. Die Korrektur kann sehr lange dauern!“

UNGLEICHE TRITTE: „Auch hier ist der Impuls aus der Hinterhand nicht korrekt entwickelt. Bei einem 14-jährigen Pferd muss man sich fragen, ob sich die Mühe der Korrektur noch lohnt. Bei einem Acht- oder Neunjährigen dagegen lässt sich noch viel erreichen. Hier muss man zunächst wieder auf den richtigen Weg der Ausbildungsskala kommen, muss herausfinden, ob das Pferd körperliche Schwächen hat oder ob es überreizt ist. Letzteres lässt auf totale Überforderung schließen. Hier muss vermehrt auf die Losgelassenheit in der Versammlung geachtet werden – sowohl im Trab als auch im Galopp. So wird das Pferd stark gemacht für die ganze hohe Versammlung.“

ERARBEITEN, VERBESSERN, FEHLER ABSTELLEN: PASSAGE

„Leider wird auch bei der Passage viel falsch gemacht. Vielleicht liegt das daran, dass man passageartige Tritte mit Kraft und Druck aus vielen Pferden ‚herauspressen' kann. Allerdings sind solche Tritte meist nur Schwebe- und Spanntritte und führen auf Dauer zu erheblichen Problemen, da das Pferd sich und seine Muskulatur unter Druck festmacht und früher oder später Schmerzen verspürt. Schwebetritte entstehen aus Müdigkeit, das Pferd stützt sich auf der Reiterhand auf, ruht sich darauf quasi aus. Ein solches Entziehen über Schwebetritte ist ganz gefährlich, vor allem, wenn der Reiter dies für Passage hält. Denn diese falsche Schwebe entsteht nicht aus vermehrter Trag- und Schubkraft, sondern durch Stützen auf die Vorhand in Verbindung mit Festhalten des Rückens. Eine korrekte Passage dagegen soll

In der Passage soll das Pferd kraftvoll über den Rücken nach vorwärts-aufwärts schwingen.

*„Das zu frühe Anpassa-
gieren junger Pferde
lehne ich ab."*

„Klaus ist sehr ruhig
und behält immer die
Übersicht. Seine abso-
lute Stärke liegt in der
Piaffe und Passage, die
er den Pferden nicht
nur gut beibringen
kann, sondern die er
auch selbst ausgezeich-
net reitet. Außerdem
geht er in besonderem
Maße auf Pferd und
Reiter ein. Er hat nicht
sowas wie die eine Me-
thode für alle, sondern
viele individuelle Lö-
sungsmöglichkeiten.
Das macht auch das
Besondere seiner Prü-
fungsvorbereitung aus.
Klaus kann für auftre-
tende Probleme immer
sofort mit einer Lösung
aufwarten. Ausreden
wie ‚das kann ich nicht'
gibt es bei ihm nicht."

**NADINE
CAPELLMANN**

Doppel-Weltmeisterin,
Mannschafts-Olympia-
siegerin, mehrfache Deut-
sche Meisterin

aus einem vermehrt tragenden und vorfedernden Hinterbein und
einem schwingenden Rücken geschehen. Man darf nicht vergessen,
dass der Rückenmuskel der größte Muskel im Pferdekörper ist und
es deshalb nicht einfach ist, ihn unter Belastung auch immer voll
durchblutet und damit optimal mit Sauerstoff versorgt zu halten.
Jedes Festhalten der Muskulatur, jede Verspannung, zieht eine Min-
derdurchblutung mit sich, die beim Pferd zu einer Art Muskelkater
im Rücken führt. Die Rückentätigkeit zu fördern und zu erhalten
muss deshalb oberstes Gebot sein, damit das Pferd überhaupt weiterhin durchfedern kann.

Ich achte deshalb beim Lehren der Passage ganz besonders darauf,
dass die Verlängerung der freien Schwebe – und genau das ist ja
letztlich das Passagieren – wirklich aus einem aktiven Hinterbein
entsteht. Dieses Hinterbein muss ich als Reiter immer bereits in der
bisherigen Arbeit gekräftigt haben.

Das zu frühe Anpassagieren junger Pferde lehne ich deshalb ab. Sicher haben einige von ihnen einen Trab, der schon ein wenig aussieht wie Passage. Aber dies ist angeboren und hat keine muskuläre
Basis, ist also nicht aus vermehrter Hinterhandkraft erwachsen.
Diese Kraft erarbeite ich mit unseren Pferden eben wieder über die
Basisübungen entlang der Ausbildungsskala. Trab-Übergänge, also
halbe Paraden, in den verschiedenen Tempi sind hier sehr hilfreich,
ebenso auch wieder die Seitwärtsverschiebungen.

Bevor ich mit dem Anpassagieren anfange, schule ich die Pferde im
allgemeinen in der Piaffe. Diese Reihenfolge ist für die meisten Pferde einfacher. Macht man es andersherum, besteht die Gefahr, dass
das Pferd die Hilfen missversteht und versucht, auf der Stelle zu passagieren. Das allerdings geht nicht, denn die verlängerte Schwebe-
phase kann in der Piaffe nicht gehalten werden, Balanceprobleme
sind vorprogrammiert. Stellt man dagegen die Piaffe an den Anfang,
schult man damit sowohl die Tragkraft der Hinterhand als auch das
aktive Abfußen und das willige Reagieren auf feinste Hilfen – alles
wiederum Voraussetzungen für eine getragene Passage.

Allerdings gibt es auch hier immer Ausnahmen. Man darf nie versuchen, ein Pferd in ein festes Schema zu pressen, sondern muss sich
immer wieder seiner Individualität bewusst sein und sich darauf einstellen. Nur wer das versteht, wird zum Erfolg kommen.

Bevor Klaus Balkenhol mit der Passage beginnt, schult er die Pferde im Allgemeinen in der Piaffe.

Kann ein Pferd nun – zumindest in ordentlichen Ansätzen – das Piaffieren, beginne ich, es aus dem versammelten Trab deutlich zurückzunehmen. Da es die Piaffhilfen kennt, wird es sich dabei vermehrt hinten senken und Last aufnehmen, um in die Piaffe zu kommen. Genau in diesem Moment treibe ich aber wieder vermehrt nach vorn, fange dieses Vorwärts jedoch gleichzeitig erneut mit halben Paraden ab. Ein korrekt gerittenes und halbwegs talentiertes Pferd wird darauf – bei fleißigem Hinterbein – mit einem Moment des längeren Aushaltens in der Schwebe reagieren, da es nicht weiß: Will mein Reiter nun nach vorn oder zurück. Es wartet quasi auf seinen Reiter und dessen Hilfen. Diese Reaktion belohne ich sofort und signalisiere dem Pferd damit, dass es genau das ist, was ich von ihm erwarte: das Aushalten in der Luft. Da ein Pferd für dieses Aushalten enorm

„Die Reihenfolge ‚erst Piaffe, dann Passage' ist für die meisten Pferde einfacher."

Um dem Pferd die ersten Passage-Tritte beizubringen, nimmt Klaus Balkenhol es aus dem Trab zurück fast bis in die Piaffe, ...

viel Kraft und auch Koordination braucht, wird es anfangs nur ganz wenige Passage-Tritte absolvieren können. Die Kunst des Reitens besteht hier darin, zu spüren, wann dem Pferd die Kraft ausgeht, wann man also wieder vorwärts reiten muss. Geht man über diesen Punkt hinweg, zwingt man das Pferd, andere Muskeln als die der Hinterhand einzusetzen, um den Körper nach oben zu stemmen und den längeren Moment in der Luft auszuhalten. Das ist in etwa so, als ob ein Mensch eine schwere Last vom Boden aufhebt und dabei, statt – wie es richtig wäre – in die Hocke zu gehen und aus den Beinen zu heben, sich nur vorbeugt und aus dem Rücken zieht.

Um also den Übergang vom versammelten Trab in die Passage korrekt hinzubekommen, muss ich als Reiter immer darauf achten, dass er aus einem aktiv vorfedernden Hinterbein und bei nur leichter Zügelhilfe und aufgewölbtem Rücken geschieht.

Macht sich ein Pferd trotzdem mal fest, arbeite ich diese Übergänge in der Wendung, da hier das innere Hinterbein sowieso schon mehr Last aufnehmen muss und ich das Pferd über die innere Ganasche auch besser wieder locker machen kann. Geht gar nichts, gehe ich wieder einen Schritt zurück und arbeite erneut an den halben Para-

...reitet dann aber wieder vermehrt nach vorne heraus und fängt gleichzeitig wieder ab.

den und der Sensibilisierung der Hilfen. Genau wie die Piaffe muss sich auch die Passage nach und nach entwickeln. Der besondere Ausdruck auch über längere Reprisen hinweg kommt erst mit dem Verständnis des Pferdes für die Reiterhilfen und mit dem Kraftzuwachs. Voraussetzung für ein Gelingen ist natürlich auch hier wieder die Erfüllung der Anforderungen der Ausbildungsskala. Der Takt, hier also der klare Zweitakt, muss stimmen, das Pferd soll, bei aller notwendigen Körperspannung, innerlich und äußerlich losgelassen sein und in gleichmäßig leichter Anlehnung schwungvoll und gerade vorwärts gehen.

Bestehen Schwächen in der Geraderichtung, hat dies oft schwankende oder ungleiche Passagetritte zur Folge, da eine einseitige Schiefe immer auf Kosten der Balance geht. Versucht der Reiter nun mit starkem einseitigen Schenkeldruck und einseitig fester Zügelhand gegenzuarbeiten, verschlimmert er das Problem. Stattdessen ist hier – wie so oft in der Dressurausbildung – wieder der Rückschritt zur Basisarbeit gefragt. Reiten auf gebogenen Linien, halbe Paraden, Kräftigung und Gymnastizierung des Pferdes auf beiden Seiten sowie Verbesserung der Durchlässigkeit sind das Mittel der Wahl.

„Manchmal hilft nur der Schritt zurück zur Basisarbeit."

1 Der Weg zur Passage ist weit: Junges Pferd in losgelassenem Arbeitstrab,

2 Siebenjähriger beim Erlernen der Passage und schließlich

3 ein Neunjähriger auf dem Sprung zum Grand Prix. Deutlich ist die unterschiedlich ausgeprägte Tragkraft zu erkennen.

PASSAGE-FEHLER KORRIGIEREN

SCHWEBETRITTE: „Hier muss der Impuls aus der Hinterhand verbessert werden. Das geht nur durch einen Schritt zurück zur Basis, um die Verbindung Hinterbeine-Pferderücken-Reiterhand wiederherzustellen. Ich arbeite in solchen Fällen die Pferde wieder vermehrt nach vorwärts und versuche, ihr Hinterbein zu schnellerem, energischerem Abfußen zu bringen. Das geht zum Beispiel durch Wechsel zwischen kurzen versammelten Strecken und energischem Zulegen (kein Rennen!) sowohl im Trab als auch im Galopp. Die Kraftschulung in Verbindung mit einer besseren Anlehnung muss hier im Vordergrund stehen."

SCHLEPPENDE HINTERHAND: „Auch hier ist meist der natürliche Impuls des Pferdes auf der Strecke geblieben, und der Reiter gibt sich mit zu wenig zufrieden. In solchen Fällen arbeite ich auch schon mal in der Passage vom Boden aus nach und versuche, mit der Touchiergerte zu unterstützen. Im richtigen Moment eingesetzt, wird das Pferd veranlasst, mehr und aktiver unter den Schwerpunkt zu schwingen. Der Reiter muss gleichzeitig das Zusammenspiel eines leichten, nur kurze Impulse gebenden Schenkels und einer geschickt durchhaltenden und nachgebenden Hand verfeinern. Nur so verhindert er, die Hinterhand erneut zu blockieren."

GERING AUSGEPRÄGTE SCHWEBE: „Das längere Aushalten in der freien Schwebe erfordet sehr viel Kraft vom Pferd. Fehlt die, kann es die hohe Versammlung nicht halten. Hier muss vor allem am Kraftaufbau gearbeitet werden, was durch sämtliche Arten von Übergängen gut zu lösen ist. Ganz wichtig hier natürlich auch immer: die Hinterbeine zum aktiven Durchschwingen und den Rücken zum besseren Tragen zu bringen, den Impuls zu verbessern. Notfalls also auch hier: Back to the basics!"

SCHWANKEN: „Dies ist im Allgemeinen ein Zeichen von mangelnder Balance und ebenfalls fehlender/m Kraft/Impuls nach vorn. Solche Pferde sollten in der Passage etwas mehr vorwärtsgeritten werden, bis sie nach und nach ihr Gleichgewicht besser halten können. Mit der Zeit geht das Schwanken dann weg."

UNGLEICHE HINTERHAND-AKTION: „So wie in der Piaffe ist dies ein Fehler, der, einmal über längere Zeit bestehend, nur schwer wieder abzustellen ist. Auch hier ist er meist ein Zeichen von Überforderung in jüngeren Jahren oder aber von immer einseitigem Gerteneinsatz. So wie in der Piaffe arbeite ich solche Pferde im Schultervor, dabei kurze Reprisen auf beiden Händen im Wechsel und auch in Wendungen, gegebenenfalls auch etwas mehr im Vorwärts."

ERARBEITEN, VERBESSERN, FEHLER ABSTELLEN: PIAFF- UND PASSAGE-ÜBERGÄNGE

„Besonders schwierig können sich die Übergänge zwischen Piaffe und Passage gestalten, wobei die meisten Pferde aus der Passage besser in die Piaffe kommen als umgekehrt. Das liegt wohl einfach daran, dass Ersteres nicht ganz so viel Kraft benötigt wie das Herauskommen aus der Piaffe in die Aushaltebewegung der Passage. Besonders Pferde, die in einer oder gar beiden dieser Lektionen Schwierigkeiten haben, gelingen die Übergänge nicht so zwanglos wie erforderlich. Wenn ich mit jüngeren Pferden an die Übergänge gehe, beginne ich das nicht von einem Tag auf den anderen, sondern es entwickelt sich zwangsläufig aus der bisherigen Arbeit. Das heißt: Ich bringe einem Pferd nicht erst das Piaffieren, dann das Passagieren und zum Schluss die Übergänge bei, sondern das Eine greift immer ein wenig ins Andere. Das beginnt schon mit den ersten halbwegs gelungenen Piafftritten, die ich dann immer häufiger in einen versammelten Trab auflöse. Umgekehrt genauso, sprich: Aus dem versammelten Trab kommend treibe ich das Pferd, das nun schon eine Idee von halben Tritten beziehungsweise Piaff-Tritten hat, im Übergang zwei, drei Tritte piaffartig weiter, bevor ich den Übergang

Der Übergang aus der Piaffe (oben) in die Passage (rechts) kann nur gelingen, wenn das Pferd über Kraft, Durchlässigkeit und Sensibilität verfügt.

zum Schritt oder Halt vollende. Auch in dieser Phase achte ich darauf, dass das Pferd immer sensibel auf meine Hilfen reagiert und sie versteht. Ähnlich gehe ich vor, sobald mein Pferd seine ersten Passagetritte gelernt hat. Auch hier arbeite ich dann gleich das ‚Hereinkommen' und das ‚Herausreiten' zunächst ganz beiläufig ein. Immerhin will ich ja irgendwann ganz fließend aus dem Schritt, dem Trab und aus der Piaffe umgehend in eine Passage kommen. Da den meisten Pferden das Anpassagieren aus dem versammelten Trab leichter fällt, ist es im Allgemeinen auch die Übung, mit der ich beginne. Je besser das Pferd dabei auf meine Hilfen reagiert und die Passage so nach und nach länger aushalten kann, desto mehr wird dabei seine Hinterhand gekräftigt – Voraussetzung für das Anpassagieren aus dem Schritt. Dies ist wieder recht schwierig, denn es muss von einer Sekunde auf die andere vom Viertakt in den Zweitakt gewechselt werden. Ohne eine feine, effektive Hilfengebung und einen gut entwickelten Eigenimpuls des Pferdes ginge das nicht oder zumindest nur holperig.

Die Übergänge zwischen Piaffe und Passage sind dann die nächste Hürde, die es zu bewältigen gibt. Je besser die bisherige Vorbereitung, desto einfacher gelingen sie. Beim etwas leichteren Übergang aus der Passage in die Piaffe gilt es, ein paar Kleinigkeiten zu beach-

> „Mich faszinieren an Klaus sein großes Einfühlungsvermögen für Pferde und sein nicht erlernbares Taktgefühl. Ich konnte viel von ihm lernen, besonders, wenn er meine Pferde geritten ist. Eine weitere absolute Stärke liegt auch in seiner Piaff- und Passage-Arbeit und in seiner ruhigen Art. Klaus Balkenhol hat schon als Reiter feines Reiten demonstriert, und er legt auch bei seinen Schülern großen Wert auf Stil und dezente Hilfengebung."
>
> **MICHAEL KLIMKE**
> Grand Prix-Reiter,
> Deutscher Meister

Auch die Rücknahme aus der Passage in die Piaffe erfordert ein korrektes Ausbildungsfundament und ein durchlässiges Pferd.

Im Übergang in die Passage soll sich das Pferd aus einem aktiven Hinterbein nach vorwärts-aufwärts in die verlängerte Schwebe heben.

ten. So sollte das Pferd zuvor nicht Runde um Runde in der Passage ermüdet werden, sondern bereits nach einigen wenigen Passagetritten die Rückführung in die Piaffe versucht werden. Wichtig sind auch hier wieder ganz klare Signale ans Pferd, also eine eindeutige Hilfengebung, die sich zwischen Piaffe und Passage ein wenig unterscheidet. In der Piaffe setze ich die durchhaltenden Zügelhilfen – bei ganz fein einwirkender Hand, die Zügel dürfen nie festhalten – ein wenig stärker ein als in der Passage, die vortreibenden Schenkelhilfen dagegen etwas geringer. In der Piaffe sollte außerdem nicht diagonal getrieben werden, sondern parallel, um ein Hin- und Herschwanken des Pferdes zu vermeiden. Sowohl in der Piaffe als auch in der Passage ist es wichtig, nicht mit den Beinen zu pressen, sondern sie locker am Pferd liegen zu haben und nur gezielte, kurze Impulse zu geben. Je feiner das Pferd reagiert, desto geringer können diese Impulse ausfallen. Schon in der Basisarbeit muss das Pferd gelernt haben, auf leichte Schenkelhilfen Impuls zu entwickeln. Wenn ich nun aus den Passagetritten in die Piaffe will, ‚spiele' ich das Pferd etwas zurück, das heißt: Ich stelle es minimal tiefer ein, pariere es ein wenig und gebe die ihm bereits bekannten Piaff-Hilfen, eventuell unterstützt durch ein Touchieren mit der Gerte. Die setze ich dabei am liebsten oben auf der Kruppe ein. Dies hilft dem Pferd erstens, sich als Reaktion darauf hinten zu senken, und verhindert zweitens eine nur auf ein Hinterbein gerichtete Einwirkung, die ja oft genug ein ungleiches Hochziehen der Hinterbeine provoziert. Bei den ersten dieser Übergänge gebe ich mich mit einigen wenigen Piaff-Tritten zufrieden und reite dann wieder im Trab heraus. Nach und nach werden – je nach Talent, Lernfreudigkeit und guter Vorbereitung – diese Übergänge immer zwangloser und fließender funktionieren. Erst dann verlängere ich die Passage- und Piaffphasen, denn erst dann hat sich die notwendige Kraft entwickelt. Die braucht das Pferd dann auch für den schwiergsten Übergang, den aus der Piaffe in die Passage. Gelingt die Piaffe aus einer aktiv unterfedernden, tragenden Hinterhand, wird auch dieser Übergang gelingen – wenn man sich und dem Pferd im Übergang Zeit lässt. Ein plötzliches, überfallartiges Herausreiten bringt dagegen meistens einen Taktverlust mit sich. Je unerfahrener ein Pferd in diesem Übergang, desto mehr Zeit gebe ich ihm zu erlernen, aus der Piaffe ins Vorwärts der Passage zu kommen. Ein reifes, ausgebildetes Pferd kann diesen Wechsel schneller absolvieren.

„Auch im Übergang selbst muss man sich Zeit lassen."

Eigentlich besteht meine Piaff- und Passage-Arbeit in erster Linie in der Verbesserung der Übergänge. Die Übergänge – anfangs die ‚normalen' zwischen den Tempi, später die zwischen Piaff-Tritten und passageartigem Anreiten – greifen ineinander über. Je besser die Übergänge, desto besser auch Pi und Pa. Und umgekehrt.

Der Übergang von Piaffe und Passage ist ein wichtiger Gradmesser für eine korrekte Piaffe, das heißt: Durch nahtloses Hinüber zur Passage ist eine gute Piaffe erkennbar. Daher muss dem Übergang größte Aufmerksameit geschenkt werden."

ÜBERGÄNGE KORRIGIEREN

„Probleme in den Übergängen resultieren immer aus Mängeln in der vorbereitenden Ausbildung. Die Piaff-Passage-Übergänge gehören zu den schwersten Lektionen überhaupt, denn sie sind letztlich das Ergebnis einer jahrelangen Vorarbeit und gelingen doch nur bei absoluter Durchlässigkeit und korrektem Kraftaufbau des Pferdes. Schwierigkeiten können deshalb am besten abgestellt werden, indem man konsequent wieder an den Basisanforderungen arbeitet, also die Skala der Ausbildung erneut bewusst abfragt. Takt, Losgelassenheit, Anlehnung, Schwung, Geraderichtung und Versammlung – die Frage nach all diesen Anforderungen muss der Reiter mit einem klaren Ja beantworten können, bevor er wieder an die schweren Übergänge geht. Je nach Alter des Pferdes und Schweregrad des Ausbildungsmangels kann eine Korrektur Monate, manchmal sogar Jahre dauern."

HANDARBEIT

Über das Für und Wider von Handarbeit im Rahmen der Piaff- und Passageausbildung streiten sich die Geister. Die einen halten sie für absolut notwendig, die anderen lehnen sie ab. Klaus Balkenhol liegt ein wenig dazwischen. „Ich arbeite nicht oft vom Boden aus, sondern lehre die hoch versammelten Lektionen lieber vom Sattel aus. Denn von dort aus muss der Reiter sie im Viereck abrufen können. Manchen Pferden hilft aber die Unterstützung vom Boden, das Geforderte zu verstehen oder ab und zu auch, wieder mehr Impuls zu entwickeln. Auch dies ist etwas, das ich ganz individuell vom Pferd abhängig mache. Die Gerte setze ich dabei allerdings in erster Linie, ebenso wie vom Sattel aus, oben auf der Kruppe ein. Dadurch verhindere ich ein ungleiches Treten. Handarbeit erfordert sehr viel Einfühlungsvermögen."

Bei der Handarbeit setzt Klaus Balkenhol die Touchiergerte meist oben auf der Kruppe ein.

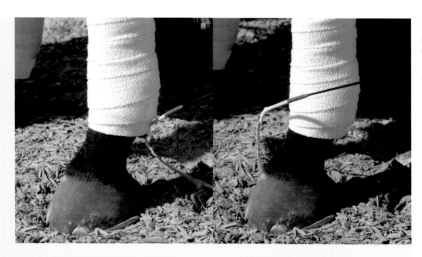

Die unterschiedlichen Touchierpunkte bei der Handarbeit:
am Fesselkopf hinten (links),

am Fesselkopf vorn (rechts), ...

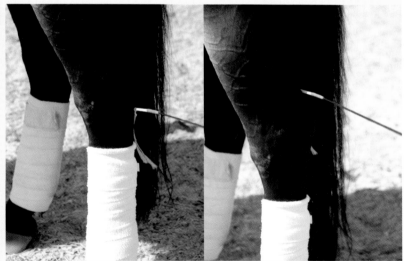

...unterhalb des Sprunggelenks
(links),

oberhalb des Sprunggelenks
(rechts), ...

... auf der Kruppe am Schweif-
ansatz (links) oder aber

vorn auf der Kruppe (rechts).

ERARBEITEN, VERBESSERN, FEHLER ABSTELLEN: TEMPIWECHSEL

„Die Wechseltouren, und hier vor allem die Einerwechsel, sind die nächste große Herausforderung eines Grand Prix. Auch hier ist die Vorbereitung gemäß der Ausbildungsskala wieder die absolut unabdingbare. Je taktsicherer, losgelassener, schwungvoller und geradegerichteter der Ausgangsgalopp ist, desto besser und auch ausdrucksvoller werden die Tempi-Wechsel gelingen.

Bevor ich mit den Einerwechseln anfange, überprüfe ich, ob die übrigen Serienwechsel sicher gelingen. Reagiert das Pferd auf leichte Hilfen und bleibt dabei entspannt, taste ich mich über das so genannte Eins-Eins an die Einerwechsel heran. Das heißt, ich lasse das Pferd zweimal hintereinander umspringen. Den meisten Pferden fällt es dabei leichter, vom Hand- in den Außengalopp zu wechseln und sofort wieder zurück in den Handgalopp. Begreift das Pferd das Eins-Eins, ohne sich dabei aufzuregen, wiederhole ich es ein paar Galopp-

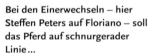

Bei den Einerwechseln – hier Steffen Peters auf Floriano – soll das Pferd auf schnurgerader Linie...

sprünge später auf der langen Seite eines Sechzig-Meter-Vierecks auch mal vier oder fünf Mal.

Sobald dies so gut gelingt, dass der Galopprhythmus gleich bleibt, frage ich drei Wechsel hintereinander ab, je nachdem, wie das Pferd reagiert, vielleicht auch vier und fünf. Bei manchen Pferden macht es recht schnell ‚Klick‘, andere brauchen länger. Theoretisch kann jedes Pferd die Einerwechsel erlernen, jedoch ist die Qualität abhängig von der Galoppade und auch vom Nerv des Pferdes. Grundsätzliche Mängel können hier die Wechseltour nachhaltig sehr negativ beeinflussen, eine Verbesserung ist in solchen Fällen nur begrenzt möglich. Verfügt das Pferd aber über eine gute Aufwärtsgaloppade und einen ausgeglichenen Nerv, können – und müssen – auch die Einerwechsel souveräne Erhabenheit ausstrahlen.

Die Hilfengebung in den Wechseltouren soll so unsichtbar wie möglich sein. Zu starker Körpereinsatz, sei es mit den Beinen, dem Oberkörper oder der Zügelhand, verhindert ein Gelingen eher, als dass es dies unterstützt.

> „Klaus Balkenhol ist ein unheimlich gefühlvoller Trainer – für mich einer der Besten überhaupt. Man findet heute kaum noch Ausbilder, die so Unterricht geben können und sich auch noch aufs Pferd setzen und es vormachen können. Einzigartig!"
>
> **GÜNTHER SEIDEL**
> US-Kaderreiter mit deutschen Wurzeln, Olympionike, Dressurausbilder

...den Galopp von Sprung zu Sprung wechseln und dabei zu beiden Seiten hin gleich weit durchspringen....

...und im Moment des Wechsels deutlich sichtbar...

...vorwärts-aufwärts springen.

EINERWECHSEL-FEHLER KORRIGIEREN

SEITWÄRTS SCHWINGENDE HINTERHAND: „Es gibt verschiedene Gründe, warum manche Pferde dies tun. Entweder, weil sie nicht hundertprozentig über den Rücken gleichmäßig an beide Reiterhände heranspringen. Oder, weil das Pferd ein wenig kitzelig auf den Schenkel reagiert, was häufig bei Stuten vorkommt. Oder aber, weil der Reiter zu stark seitlich hin und her einwirkt und sein Pferd aus dem Gleichgewicht bringt.

Im ersten Fall empfehle ich, das Pferd wieder vermehrt über den Rücken zu arbeiten und den Impuls der Hinterhand mehr nach vorn zu richten. Das geht über das Reiten von Übergängen, auch auf gebogenen Linien. In den Wechseltouren selbst sollte mehr vorwärts geritten werden. Hilfreich kann auch das Reiten von Serienwechseln auf großen gebogenen Linien sein.

Bei kitzeligen Pferden muss der Reiter versuchen, die Wechsel noch weniger mit den Unterschenkeln zu reiten und stattdessen noch mehr allein aus einer leichten Verschiebung der Hüfte. Auch hier hilft meist ein Mehr an Vorwärts.

Das Schwanken durch Sitzfehler lässt sich nur beseitigen, wenn dem Reiter sein Problem bewusst wird. Er sollte deshalb sämtliche Wechsel – auch einzelne – entweder auf einen Spiegel zureiten oder sich beim Reiten filmen lassen. Das visuelle Erkennen des eigenen Problems hilft am besten, es abzustellen."

WECHSELTOUR MIT HOHER KRUPPE: „Hier sollte insgesamt die Tragkraft der Galoppade verbessert werden. Das macht man natürlich zum einen durch eine insgesamte Kräftigung des Pferdes, aber auch durch eine spezielle Kräftigung im Galopp. Dazu arbeite ich aus der normalen Versammlung in kurze Reprisen extrem hoher Versammlung hinein und dies sowohl auf der Geraden als auch auf gebogenen Linien, hier vor allem in Arbeitspirouetten. Die dabei neu entstehende Bergauftendenz nehme ich in die Tempiwechsel mit, die ich dann ebenfalls zunächst in etwas höherem Tempo reite. Wichtig: auch hier niemals überfordern!"

UNGLEICHER DURCHSPRUNG: „Bei manchen Pferden kann sich im Laufe einer nicht ganz optimalen Ausbildung ein ungleichmäßiges Durchspringen bei den Wechseln herausbilden. Auch hier gehe ich zunächst wieder an die Basis zurück, überprüfe und überarbeite die einzelnen Punkte der Ausbildungsskala. Ähnlich wie bei den seitlich schwingenden Pferden arbeite ich dann zunächst die Wechsel auf beiden Händen auf der gebogenen Linie eines Mittelzirkels. Hierbei kann ich den Vorwärtsimpuls des jeweiligen inneren Hinterbeins besser kontrollieren und auch die Anlehnung wieder verbessern."

▸125 Reiten allein
genügt nicht

▸130 Das richtige
Coaching

▸142 Den Spaß
erhalten

▸147 Ethische
Grundsätze

REITEN ALLEIN GENÜGT NICHT

Fragt man Klaus Balkenhol, was seiner Meinung nach Reitkunst ausmacht, braucht er nicht lange zu überlegen. „Mit der Reitkunst verhält es sich so wie mit der Malerei. Viele Menschen können schön malen, können beispielsweise ein Pferd naturgetreu abbilden. Aber nur einige wenige sind in der Lage, darüber hinauszugehen und auch das Wesen, die Seele eines Pferdes und seiner Bewegungen auszudrücken. So ähnlich ist es mit der Reiterei. Auch hier gibt es viele Handwerker und nur wenige Künstler." Dabei will der Olympionike die Handwerker unter den Reitern nicht abwerten, betont vielmehr, auch über diesen rein technischen Weg seien große Erfolge zu erzielen. Wobei Erfolg sich aus seiner Sicht nicht unbedingt nur auf sportlichen Medaillen-Erfolg reduzieren lässt.

„Beim Reiten gibt es viele Handwerker aber nur wenige Künstler."

„Zum erfolgreichen Umgang mit dem Pferd kann man auf verschiedenen Ebenen kommen, sei es vom Sattel, vom Boden oder vom Kutschbock aus, im freizeitlichen Umgang oder im sportlichen Wettkampf", führt er aus. „Reitkunst hat für mich dabei gar nicht so viel mit der Technik zu tun, die setze ich einfach voraus. Reitkunst geht weiter, viel weiter. Sie kann man nur zu einem Teil lernen. Der größere Teil hat mit Begabung, Talent und Gefühl zu tun – dem Gefühl dafür, ein Pferd zu verstehen und sich darauf einzustellen. So etwas ist angeboren."

So wie bei Klaus Balkenhol? Seine Schüler auf der ganzen Welt werden sofort bestätigend nicken, er selbst wiegt nur lächelnd den Kopf und betont einmal mehr: „Vollkommene Reitkunst kann man nicht in einem Leben erreichen. Je mehr man reitet, desto mehr spürt man, wieviel man noch nicht weiß und wieviel man bei jedem Pferd dazulernt."

„Reitkunst kann man nur zu einem Teil erlernen, der andere Teil ist angeboren."

Wer Klaus Balkenhol kennt, weiß, dass diese sokratische Haltung (Ich weiß, dass ich nichts weiß) keine leere Floskel ist. Sie ist ernst gemeint. Statt sich stolz auf seinem Wissen auszuruhen, ist es ihm vielmehr täglicher Ansporn, noch mehr über jedes einzelne Pferd, sein Wesen, sein Verhalten, seine Individualität zu erfahren und so noch mehr „reiterliche Weisheit" zu erlangen. Und die liegt seiner Überzeugung nach auch darin, als Reiter individuell auf jedes Pferd eingehen zu können, statt es sich nach einem feststehenden Raster

*„Ein reiterlicher Hand-
werker korrigiert Fehler,
ein Reitkünstler spürt
Fehler intuitiv und ver-
hindert sie vor dem Ent-
stehen."*

bloß gefügig zu machen. „Der Künstler spürt außerdem im Vorfeld, was sein Pferd im nächsten Moment tun will und kann intuitiv eingreifen und einen möglichen Fehler verhindern. Wer immer nur reagiert, bleibt dagegen ein Handwerker. Doch nur über die Kunst offenbart sich dem Betrachter die natürliche Anmut des Pferdes, wird auch der Nichtfachmann die Harmonie zwischen Pferd und Reiter spüren."

Das heißt nicht, dass Klaus Balkenhols Ausbildungsweg nur von Tätscheln und Tüdeln bestimmt wird. Reiterliches Können sowie Konsequenz in der Hilfengebung sind für ihn genauso wichtig – und er lebt dies seinen Schülern täglich vor. Eine energische Schenkel- oder Sporenhilfe statt dauernder Klopferei, ein gezieltes Touchieren mit der Gerte im richtigen Moment – bei erwünschter Reaktion des Pferdes immer gefolgt von einem Lob – lassen seine Pferde sensibel bleiben (oder werden) und fördern die Gehlust und die Freude an der Arbeit.

Balkenhol: „Von Anfang an muss Konsequenz herrschen, damit das Pferd lernt, was der Mensch von ihm erwartet. Dabei darf aber nie der Wille des Pferdes gebrochen oder beherrscht werden – der Reiter soll ihm nur den Weg zeigen. Goldstern beispielsweise musste ich schon sehr konsequent ‚an die Hand nehmen', denn er war, bei aller Nervigkeit, ein charakterlich sehr starkes Pferd. Er brauchte die Führung durch seinen Menschen, um sein Potenzial voll ausspielen zu können und um zur Harmonie mit dem Menschen zu finden."

Dieses „an die Hand nehmen" geschieht im Hause Balkenhol immer im Sinne der Pferde. Konsequenz statt Druck, Verständnis zeigen statt beherrschen. Die Vierbeiner danken es ihrem Ausbilder. In den 30 Jahren seiner Karriere hat Klaus Balkenhol bereits rund 20 Pferde zur Grand Prix-Reife bzw. zu internationalen Grand-Prix-Erfolgen gebracht.

*„Gerade in der Aufga-
benreiterei liegt die
Gefahr, die Reitkunst aus
den Augen zu verlieren."*

Obwohl selbst sein halbes Leben lang Sportreiter, verschließt sich der Ausbilder auch den Gefahren eben dieses sportlichen Schwerpunktes nicht.

„Denn gerade in der Aufgabenreiterei, also dem Abfragen einzelner Lektionen an einem vorgegebenen Punkt, kann der künstlerische Ansatz, also das eigentliche Wesen der Dressur, auf der Strecke bleiben."

Wer regelmäßig Aufgaben reitet, versteht, was er meint. Die geforderte Lektion muss am Punkt geritten werden, egal, ob das Pferd in dieser Sekunde optimal bereit ist oder nicht. „Erfahrene Reiter können sich notfalls durch die Lektion tricksen, ohne dass die meisten Zuschauer dies bemerken", so Klaus Balkenhol. „Die Magie des wahren künstlerischen Zusammenspiels zwischen Pferd und Reiter, also

Klaus Balkenhol setzt auf die Harmonie zwischen Reiter und Pferd.

der Moment höchster Harmonie, aus der eine Lektion wie zwangsläufig erwächst, bleibt jedoch aus."

Eine Absage an die Sportreiterei? „Nein", lacht der Gold-Reiter. „Ich bin zwar, seit ich selbst keine Turniere mehr reite, auch ruhiger und geduldiger geworden. Aber ich hätte trotzdem keine Lust, hier nur im stillen Kämmerlein wie im Museum mit Pferden und Reitern zu arbeiten. Der Reitsport steht für mich und meine Arbeit schon noch ganz vorne an. Allerdings bin ich der Meinung, dass die Kunst nicht dem Sport geopfert werden sollte. Jeder Reiter sollte sich bei allem, was er tut, immer fragen, ob es ihm noch um die Harmonie mit dem Pferd geht, also um das Herzstück des Reitens überhaupt, oder nur noch um Effekthascherei, Show oder gar Geschäft."

„Ich hätte keine Lust, nur wie im Museum zu arbeiten."

Einklang mit dem Pferd, das ist es, was für Klaus Balkenhol einen guten Reiter ausmacht und was er auch von jedem Reiter erwartet. Und genauso die Fähigkeit, Verständnis für sein Pferd aufzubringen und bei Fehlern immer zuerst bei sich selbst nach der Ursache zu forschen.

Sein „Anforderungsprofil Reiter" ist klar umrissen:

▶ **Nachgiebigkeit gepaart mit Konsequenz,**
▶ **Verständnis und Gefühl,**
▶ **Geduld,**
▶ **Geradlinigkeit, die beim Pferd keine Zweifel aufkommen lassen darf,**
▶ **Fleiß (ohne krankhaften Ehrgeiz),**
▶ **Horsemanship.**

Mit Absicht spricht Balkenhol von „jeder Reiter". Für ihn fängt Reiten nicht erst bei der Reitkunst an, denn: „Wirkliche Künstler, also solche, die über Talent, Können und Gefühl fürs Pferd verfügen, sind rar, selbst in den höchsten Klassen. Aber ich glaube, dass jeder durch Horsemanship, Fleiß und Übung gewisse Fertigkeiten erlangen kann, die ihn in die Lage versetzen, seine Reiterei zu zelebrieren – auch ohne Turniere. Für mich ist jemand, der vielleicht zu Hause auf L-Niveau harmonisch im Einklang mit seinem Pferd ist, der Kunst näher als der, der auf M- oder S-Niveau mit Grobheit und gewaltsamer Einwirkung Sportleistung erreicht."

KLAUS BALKENHOL —
SEINE GRÖSSTEN ERFOLGE ALS REITER

1979 Deutscher Vize-Meister mit Rabauke

1988 Europameister der Polizeireiter

1990 Deutscher Vize-Meister mit Goldstern

1991 Mannschafts-Europameister und Vize-Europameister Kür (Einzel) mit Goldstern, Deutscher Meister mit Goldstern

1992 Mannschafts-Olympiasieger und olympisches Einzel-Bronze in Barcelona mit Goldstern, Deutscher Meister mit Goldstern

1993 Mannschafts-Europameister mit Goldstern, Deutscher Meister mit Goldstern

1994 Mannschafts-Weltmeister und Vize-Weltmeister Einzel/Kür in Den Haag mit Goldstern

1995 Deutscher Meister mit Goldstern, Mannschafts-Europameister und 6. Platz in der Einzelwertung mit Goldstern

1996 Mannschafts-Olympiasieger und 6. Platz in der Einzelwertung in Atlanta mit Goldstern Deutscher Meister mit Goldstern

Außerdem in den Jahren 1993 bis 1996 rund 90 nationale und internationale Siege und Platzierungen (Grand Prix, Grand Prix Special, Grand Prix-Kür) u. a. mit den Pferden Goldstern, Ehrengold, Laudatio, Gracioso, Nikolaus, Garçon. Zuvor Erfolge mit Rabauke, Mon Petit, Askat, Acapulco, Aponti, Sylvester, Escorial, Rhodomo.

DAS RICHTIGE COACHING

„Wer immer nur auf einem Holzbock sitzt, wird nie das richtige Gefühl für Sitz und Hilfengebung bekommen."

„Klaus Balkenhol ist einer der stärksten Trainer und Reiter, die ich je hatte. Seine Pferde gehen alle sehr locker über den Rücken und sind deshalb auch besonders gut in Piaffe und Passage. Als Trainer hat Klaus immer das Gesamtbild im Blick. Er arbeitet nicht nur an Lektionen, sondern versucht, immer den Gesamtzusammenhang von Ursache und Wirkung zu erkennen und zu verbessern. Er ist sehr ruhig, nie jähzornig – eine ganz wichtige Voraussetzung bei der ganzen Geschichte."

HUBERTUS SCHMIDT
Dressur-Ausbilder, Mannschafts-Olympiasieger, Mannschafts-Weltmeister, Deutscher Meister, mehrfacher Deutscher Meister der Berufsreiter

Dieses harmonische Zusammenspiel zwischen Pferd und Reiter ist das Ergebnis langjähriger, harter Arbeit. Vor allem an sich selbst. Denn gutes und im günstigsten Fall irgendwann zur Kunst gewordenes Dressurreiten hat auch viel mit der Fähigkeit zu tun, sich auf hunderte von Kleinigkeiten gleichzeitig konzentrieren zu können, ohne dass man angestrengt aussieht. Das kann man nicht von heute auf morgen lernen – und auch nicht alleine. „An und für sich ist hier der Reitlehrer gefragt", betont Balkenhol. „Er muss es schaffen, seinem Schüler die richtige Technik zu vermitteln, ohne ihn dabei mental zu überfordern. Dies geht nur auf einem gut ausgebildeten Pferd. Denn wie sonst will ein Reiter den Unterschied fühlen zwischen falsch und richtig? Erst wenn er weiß, wie sich zum Beispiel eine flüssige Parade anfühlt, kann er die dabei gegebenen Hilfen richtig lernen, im Hinterkopf abspeichern und dann irgendwann auch bei Bedarf unbewusst einsetzen, ohne bei einer Aktion gleich alles andere zu vergessen. Ein Reiter auf einem unteren bis mittleren Leistungsniveau ist ja manchmal gar nicht in der Lage, Balance und Schwung eines Pferdes zu erfühlen. Wie soll er dies dann auch noch auf einem jungen oder schlecht gerittenen Pferd jemals tun? Nur auf einem entsprechend ausgebildeten Pferd kann der Reitlehrer seinem Schüler überhaupt vermitteln, wie es ist, wenn ein Pferd schwingt, wenn es durchlässig und geschmeidig ist. Wer immer nur auf einem – pardon – Holzbock sitzt, wird nie das richtige Gefühl für Sitz und Hilfengebung bekommen, sondern sich an Ziehen, Zerren und gezerrt werden gewöhnen. Nur ein Reiter, der durch gute Erfahrung gelernt hat, wie es sich richtig anfühlt, kann dies entwickeln, verinnerlichen und automatisieren. Und nur auf diese Weise ist es überhaupt möglich, an die unzähligen Kleinigkeiten, die beim Reiten wichtig sind, zu denken – oder besser: zu fühlen – und darüber zum selbstständigen Reiten zu kommen."

Dieses selbstständige Reiten ist es, das Klaus Balkenhol seinen Schülern nicht nur beibringen will, sondern das er auch erhalten und fördern möchte. Zugegeben, mit Anfängern hat der Olympionike heute nicht mehr zu tun. Die Zeiten, in denen er jungen Kollegen bei der

Da Klaus Balkenhol alles selbst geritten hat, kann er seinen Schülern vom Boden aus gut erklären, wie's geht – auch, wie das Gefühl sein muss.

Reiterstaffel erklärt hat, wie man aufs Pferd steigt und wie man es reitet, sind vorbei. Inzwischen hat Klaus Balkenhol Schüler aus aller Welt, internationale Spitzenreiter ebenso wie aufstrebende Nachwuchstalente, letztere allerdings bereits alle auf mindestens S-Niveau. Die Bodenhaftung in Sachen Ausbildung hat er trotzdem nicht verloren. „Ich habe ja selbst mal klein angefangen und hatte die Möglichkeit, täglich viel dazuzulernen. Im Sinne der Pferde und auch der Reiter möchte ich mein Wissen deshalb auch an möglichst viele Reiter weitergeben, nicht nur an die Spitzenleute."

Über Vortragsveranstaltungen versucht er, den Spagat zwischen seinem Wunsch zu lehren und seiner knappen Zeit zu schaffen. Das Interesse ist groß, die Fragen der Teilnehmer vielfältig. „Es freut mich immer wieder, wie groß das Interesse an klassischer Ausbildung ist." Was Klaus Balkenhol auf diesen Verstaltungen „predigt" – das Vorgehen nach den Prinzipien der Ausbildungsskala sowie das Verständnis fürs Pferd und dessen Bedürfnisse – setzt er auch im Training mit seinen Schülern um. Dabei setzt er, trotz allem Coaching von unten, auf Selbstständigkeit seiner Reiter. „Ich unterscheide da ein bisschen zwischen Reitlehrer und Trainer bzw. Coach", erläutert er.

„Nur auf einem gut ausgebildeten Pferd kann der Reiter das ‚Fühlen' lernen."

„Ein Reitlehrer will jemandem das Reiten, also die technischen Fertigkeiten, beibringen. Ein Trainer muss darüber hinaus in der Lage sein, das Können seiner Schüler und das ihrer Pferde zu optimieren." Und das beherrscht Klaus Balkenhol wie nur wenige. Denn so, wie er sich auf die vielen unterschiedlichen Pferde in seiner Karriere eingestellt hat und noch einstellt, so feinfühlig geht er auch mit

Der Coach setzt – bei aller Hilfe von unten – auf Selbstständigkeit seiner Reiter.

„seinen" Reitern um. „Als Coach darf man niemals versuchen, die charakteristischen Reiteigenschaften eines Schülers grundlegend zu ändern", betont er, „sondern sollte sie lediglich in die richtige Richtung formen – aber so, dass der Reiter es nicht merkt."

Warum das? „Weil ich dem Reiter sonst sein Selbstvertrauen und auch seine Selbstständigkeit nehme – zwei Eigenschaften, ohne die er nie wieder zu Erfolg kommen würde." Also statt einem „du machst das völlig falsch, das geht soundso" nutzt der erfahrene Trainer lieber sein immenses Wissen, um den Reiter unauffällig zu überzeugen und ihm den Weg zu weisen. Bei einem fliegenden Wechsel zum Beispiel, der zu einer Seite immer ein wenig schief gesprungen wird, kommt die Anweisung des Coaches: „Stell ihn mal noch weniger in die neue Richtung – oder sogar mal kurz in Gegenrichtung." Der Wechsel wird gerade, der Reiter merkt's und stellt seine Hilfengebung um.

Dieser Blick für die Feinheiten ist es, der Klaus Balkenhols Schüler so begeistert. Und auch die Tatsache, dass er den Reitern alles vorreiten kann. Wenn die Erklärung allein nicht ausreicht, sitzt der Chef flugs im Sattel, dreht ein paar Runden, ertastet von oben das Problem, löst es und weiß, welchen Rat er geben kann.

„Ich finde, ein Ausbilder sollte in der Lage sein, das, was er lehrt, auch so vorzureiten, dass sich dem Schüler die Veränderung schon beim Zusehen erschließt. Es stehen heute aber leider viel zu viel ‚Trainer' am Rande, die die Dressur selbst nicht verstehen und vor allem auch nicht können." Balkenhol dagegen kann's, und wie. Immerhin brachte er es in seiner Karriere nicht nur selbst zu olympischen Medaillen, er trainierte auch viele Jahre lang die spätere Doppelweltmeisterin Nadine Capellmann, brachte unter anderem seine Tochter Anabel ebenso zu Grand Prix-Erfolgen wie Nachwuchs-Reiterin Carola Koppelmann oder die dänische Olympiareiterin Prinzessin Nathalie zu Sayn-Wittgenstein und führte – nach einem Abstecher als Bundestrainer der Deutschen Dressurreiter – als Coach auch die US-Reiter dauerhaft in die internationale Spitze.

Was aber macht einen guten Coach und Trainer aus – außer der Fähigkeit, seinem Schüler alles vorzureiten? Denn das können viele, das Vorreiten in Verbindung mit gutem und motivierendem Unterricht dagegen nur wenige.

> „Ich finde es besonders gut – natürlich neben dem ungeheuer großen Wissen, das Klaus Balkenhol vermitteln kann –, dass er dem Reiter seinen Freiraum lässt und ihm Sicherheit vermittelt. Dieses Coaching auf der psychologischen Ebene ist für mich genauso wichtig wie das Trainerische."
>
> **STEFFEN PETERS**
> US-Kaderreiter mit Deutschen Wurzeln, Olympionike, Dressurausbilder

„Ein Ausbilder sollte das, was er lehrt, auch vorreiten können."

Balkenhols „Coaching-Konzept":

▸ „Ein guter Coach muss zunächst einmal die Individualität jedes einzelnen Reiters erkennen und akzeptieren.

▸ Ein guter Coach sollte das, was der Reiter vermutlich auf dem Pferd fühlt, kennen und entsprechend Anweisungen geben.

▸ Ein guter Coach sagt nicht nur solche Dinge wie ‚mehr Hinterhand', sondern er muss Hinweise auf das Wie und Was geben, damit der Reiter es umsetzen kann.

▸ Ein guter Coach schreit nicht herum, lässt Fehler aber auch nicht durchgehen, sondern ergreift Maßnahmen, auf den Reiter einzuwirken, bevor der Fehler passiert. Das kann man unter anderem durch mehrfaches Trainieren eben dieser einen Problem-Lektion

Ein paar kleine Tipps vom Rand, und schon piaffiert Tip Top unter Leslie Morse in schönerer Anlehnung.

erreichen und auch durch die Analyse der Situation. Man muss dem Reiter begreiflich machen, was er da oben gerade tut und warum das so nicht funktionieren kann. Wenn's dann immer noch nicht klappt, muss ein guter Coach auch mal strafen – nicht das Pferd, sondern den unkonzentrierten Reiter. Notfalls muss er absitzen und das Reiten für diesen Tag abstellen. Dann hat er genug Zeit, seine Fehler zu überdenken.

▸ Ein guter Coach lenkt die Konzentration des Reiters immer wieder auf die Lösung des Problems, bis es der Reiter unterbewusst selbst tut und somit die Voraussetzung schafft, es abzustellen.

▸ Ein guter Coach arbeitet motivierend, nicht demotivierend. Das heißt, dass er weder Schüler noch Pferd durch Überforderung frustrieren, noch sie durch Unterforderung langweilen sollte.

▸ Ein guter Coach kann dem Reiter das richtige Gefühl vermitteln, weil er es selbst kennt.

▸ Ein guter Coach ist sich darüber im Klaren, dass das Misslingen einer Lektion niemals Frust hervorrufen darf.

▸ Ein guter Coach macht seinen Reiter nicht abhängig, sondern erzieht ihn zur Selbstständigkeit im Reiten."

Hochkonzentriert und immer bei der Sache: Coach Balkenhol beim Unterrichten

Gerade der letzte Punkt ist für Klaus Balkenhol enorm wichtig. Zu oft hat er gesehen, dass Reiter auf einem Turnier total versagen, wenn ihr Ausbilder nicht am Viereckrand steht. „So weit darf man es nie kommen lassen", erklärt er. „Ein Reiter, der in seiner Klasse gut und korrekt reitet, schafft dies in der Prüfung auch ohne seinen Trainer. Hat der ihm allerdings bereits das Gefühl vermittelt, dass ohne ihn nichts richtig läuft und den Reiter somit in eine mentale Abhängigkeit gebracht, ist das Selbstbewusstsein schon angeknackst, was

„Meine Reiter müssen auch alleine klarkommen."

SCHNELLES DENKEN GEFRAGT

Wer aus Frust handelt und dann versucht, mit harten Maßnahmen und unendlich vielen Wiederholungen Besserung zu erzielen, wählt den falschen Weg. Dauernde Wiederholungen ein und derselben Problemlektion sind meist ein Zeichen von Unsicherheit des Reiters und dienen nur der eigenen Befriedigung. Dem Pferd dagegen bringen sie nichts, sondern führen zu Überforderung, Muskelermüdung und Nervosität. Als Ausbilder muss man hier eingreifen und stattdessen wieder auf leichtere Übungen zurückgreifen. Der Reiter muss lernen, schnell zu denken und dem Moment, in dem der Fehler eintritt, zuvorzukommen. Beispiel: Ein Problem in der Pirouette ist nicht durch dauernde Wiederholung zu beseitigen, sondern durch die Kontrolle jedes einzelnen Galoppsprungs in der Wendung. Hieran muss systematisch und geduldig gearbeitet werden, nicht an der Pirouette selbst.

sich wiederum negativ aufs Reiten auswirkt. Bleibt dann mal der Erfolg aus, sieht sich der Reiter zu allem Übel noch bestätigt in seiner Meinung, dass er die Anwesenheit seines Trainers unbedingt braucht. Das ist fatal."

Das heißt natürlich nicht, dass Balkenhol seine Reiter allein auf weiter Flur lässt. Wenn eben möglich, ist er auf den großen Turnieren dabei, betreut die Vorbereitung und gibt Tipps am Abreiteplatz. „Aber natürlich kann ich nicht überall sein, und deshalb müssen meine Reiter auch alleine klarkommen. Außerdem möchte ich natürlich auch, dass sie nicht nur meine Anweisungen umsetzen, sondern sie auch im Gesamtzusammenhang sehen und verstehen. Nur auf diese Weise kommen sie auch im täglichen Training weiter und nur so profitieren auch die Pferde davon."

„Mir gefällt besonders, dass Klaus so ruhig und geduldig ist. Bei ihm kommt nie Hektik auf, er stellt sich voll und ganz auf seine Schüler ein. Ich finde auch toll, dass er sich auf die Pferde setzt und von oben fühlt und vormacht. Denn ich kann vieles durch Zusehen nachvollziehen und besser verstehen, wenn ich die Entwicklung des Pferdes sehe. Ich weiß dann wieder, woran ich arbeiten muss. Klaus ist als Ausbilder außerdem sehr aufbauend und gibt immer Vertrauen, vermittelt einem: ‚Das kriegst du auch hin.' Das Training bei ihm hat mir immer viel gebracht."

INGRID KLIMKE
Vielseitigkeitsreiterin, Olympionikin, Mannschafts-Weltmeisterin, mehrfache Deutsche Meisterin; außerdem erfolgreiche Grand Prix-Reiterin, Dressur- und Vielseitigkeits-Ausbilderin

Wenn Klaus Balkenhol etwas erklärt, scheinen selbst die Pferde zuzuhören.

„Ein Reiter soll nicht nur Anweisungen umsetzen, sondern muss den Gesamtzusammenhang verstehen."

In der Vorbereitung auf Turniere und auch auf dem Turnier selbst ist Erfahrung gefragt, beim Reiter und auch beim Trainer. Je unerfahrener der Reiter, desto mehr muss ihn der Trainer anleiten – das gilt für die tägliche Arbeit ebenso wie für die Vorbereitung auf dem Abreiteplatz. Auch Klaus Balkenhol hat es manchmal mit wenig erfahrenen Reitern zu tun, allerdings nicht wenig erfahren, was ihre reiterliche Ausbildung, sondern lediglich, was ihre Grand Prix-Erfahrung angeht. Solche Reiter an die höchsten Weihen des Dressursports heranzuführen, ist ihm ein wichtiges Anliegen. Aus diesem Grund unterstützte er auch von Anfang an den Piaff-Förderpreis, eine Prüfungreihe, die sich an Nachwuchsreiter und -reiterinnen wendet, die den Sprung aus der Junge-Reiter-Zeit auf die Grand Prix-Ebene schaffen wollen. „Das Coaching hat hier einen besonderen Stellenwert", weiß Balkenhol. „Denn als Trainer muss man nicht nur die technischen Fertigkeiten verbessern und verfeinern, sondern auch die mentale Entwicklung des Sportlers fördern."
Besonderes Augenmerk legt er deshalb auf das Turnier-Coaching, also die fachliche Begleitung des Reiters von der gezielten Vorbereitung zu Hause bis zum Einreiten ins Prüfungsviereck:

▸ Der Coach muss Reiter und Pferd auf ein gleichmäßig abfragbares Level bringen.

US-Reiter Günter Seidel und
Klaus Balkenhol bei der Arbeit
mit Aragon kurz vor dem CHIO
Aachen.

▸ Der Coach muss dem Reiter Sicherheit vermitteln, um Angst,
  Nervosität und Unsicherheit zu verhindern. Das geht nur durch
  eine optimale Vorbereitung und eine sinnvolle Betreuung auf dem
  Turnier.

▸ Diese Vorbereitung sollte bereits zu Hause geschehen, indem im
  Vorfeld (zu Hause oder in einem Nachbarstall) die Turnier- und

Prüfungssituation simuliert wird. Nur so lernt der Reiter, sich selbst, das Pferd und dessen mögliche Reaktionen einzuschätzen.

> „Mein Vater gibt mir im Training und auch auf dem Turnier eine unheimliche Sicherheit, wenn er am Viereck steht. Seine Art, in Ruhe und über Vertrauen mit den Pferden zu arbeiten, imponiert mir sehr und begleitet mich mein ganzes Leben. Ich kenne seine Arbeit inzwischen so genau, dass ich oft schon weiß, welchen Tipp er mir beim Reiten gleich geben wird, noch bevor er ihn ausgesprochen hat. Und ich profitiere sehr davon, dass er sich auch auf alle meine Pferde setzt und ich die Chance habe nachzufühlen, was er mir gerade erklärt hat. Durch meinen Vater habe ich einen hohen Anspruch an Unterricht und Ausbildung – ich denke, Ausbilder wie meinen Vater gibt es nur sehr wenige."
>
> **ANABEL BALKENHOL**
> Tochter von Klaus Balkenhol, Grand Prix-Reiterin

- Ohne Turnierteilnahme gibt es keine Turniererfahrung. Also – vorausgesetzt der Reiter schafft die Prüfungsanforderungen zu Hause ohne Probleme – Turniere reiten lassen, statt aus Angst vor einem möglichen Misserfolg, den Schüler zu Hause nur davon träumen lassen.

- Der Coach sollte in Absprache mit dem Reiter die „richtigen" Turniere aussuchen, also solche, in denen die Konkurrenz weder zu groß (Gefahr von Frustration) noch zu niedrig (Gefahr künftiger Selbstüberschätzung) ist.

- Der Coach muss Pferd und Reiter so genau kennen, dass er auf jedes Paar individuell eingehen kann. Dazu gehört viel Erfahrung, sowohl aus reiterlicher als auch aus pädagogischer Sicht.

- Der Coach soll den Reiter auch auf dem Turnier aufbauen, nicht frustrieren. Dazu gehört, beim Abreiten vor der Prüfung zunächst einfache Lektionen reiten zu lassen, die erfolgreich absolviert werden können und auf diese Weise Sicherheit geben und Nervosität verhindern.

- Schwache Lektionen sollten auf dem Abreiteplatz nicht mehr zu oft geübt werden, in den paar Minuten vor der Prüfung werden sie auch nicht mehr besser, sondern belasten das Selbstbewusstsein des Reiters und die Harmonie zwischen Reiter und Pferd.

- Der Coach sollte seinem Reiter beibringen, auf dem Abreiteplatz so wie zu Hause zu reiten. Also in Ruhe lösen, dann vom Leichten zum Schweren aufbauen und sich nicht von äußeren Einflüssen verunsichern lassen.

- Der Coach sollte beim Abreiten nur Tipps geben, statt viel zu kritisieren. Letzteres macht den Reiter unsicher oder angespannt – beides keine gute Voraussetzung für einen erfolgreichen Ritt.

KLAUS BALKENHOL —
SEINE GRÖSSTEN ERFOLGE ALS TRAINER

1996 Nadine Capellmann/Reservereiterin Olympische Spiele Atlanta/USA

1997 Als Bundestrainer EM-Mannschafts-Gold, Einzel-Gold (Isabell Werth), Einzel-Bronze (Karin Rehbein), 4. Einzelwertung (Nadine Capellmann) in Verden

1998 Als Bundestrainer WM-Mannschafts-Gold, Einzelgold (Isabell Werth), 4. Einzelwertung (Karin Rehbein) in Rom/ITA

1999 Als Bundestrainer EM-Mannschafts-Gold, Einzel-Silber (Ulla Salzgeber) in Arnheim/NL

2000 Als Bundestrainer Olympia-Mannschafts-Gold, Einzel-Silber (Isabell Werth), Einzel-Bronze (Ulla Salzgeber) in Sydney

2002 Als Trainer von Nadine Capellmann WM-Doppelgold (Team, Einzel) und als US-Nationaltrainer Team-Silber in Jerez/ESP

2004 Als US-Nationaltrainer Olympia-Mannschafts-Bronze, 4. Einzelwertung (Debbie McDonald) in Athen

2006 Als US-Nationaltrainer WM-Mannschafts-Bronze, 4. Einzelwertung (Steffen Peters) in Aachen

Außerdem in den Jahren 2002 und 2003 in den USA „Trainer of the Year", 13 Jahre Trainer von Nadine Capellmann (u.a. mehrfache Deutsche Meisterin), (Ex)-Trainer erfolgreicher Reiter wie Hubertus Schmidt, Natalie zu Sayn-Wittgenstein, Anabel Balkenhol, Carola Koppelmann, Ingrid und Michael Klimke, Bettina Hoy, Helen Langehanenberg u.v.m.

DEN SPASS ERHALTEN

„Zu viel Ehrgeiz kann mehr schaden als nutzen."

„Lachen! Reiten soll Spaß machen." Ein dummer Spruch, der gerne von der Bande aus konzentrierten und dabei oft ein wenig missmutig dreinschauenden Reitern zugerufen wird. Ein Körnchen Wahrheit ist allerdings dran – Konzentration hin, Konzentration her. Reiten soll tatsächlich Spaß machen, egal, ob man durchs Gelände zuckelt oder zu höheren Dressurweihen strebt. Ein Blick in so manches Reitergesicht lässt da aber schon mal Zweifel aufkommen, so verbissen gehen manche ihrem „Hobby", ihrer Passion nach. „Es ist eine Frage des Ehrgeizes", glaubt Klaus Balkenhol, der Reiter. Und Klaus Balkenhol, der Trainer, weiß: „Wenn davon zu viel da ist, kann das mehr schaden als nutzen." Auch er hat sich in seinen aktiven Zeiten mit sich und der eigenen Ungeduld auseinandersetzen müssen, hat seinen Ehrgeiz am Leben gehalten und doch gleichzeitig zu zügeln gelernt. „Ich glaube, das ist mir ganz gut geglückt", grinst er rückblickend. „Aber es ist schon nicht einfach, vor allem, wenn wichtige Turniere anstehen. Dann neigt man einfach dazu, sich und seinem Pferd mehr Druck zu machen – manchmal leider auch mehr, als gut tut. Denn meist wird durch Druck nichts besser, eher schlechter. Bei allem Ehrgeiz darf eine gewisse Gelassenheit nie auf der Strecke bleiben, sonst geht der Spaß an der Sache verloren."

Dass sich der Ex-Polizeireiter diesen Spaß erhalten hat, sieht man ihm auch heute, mit über 65 Jahren, noch an. Sitz, Körperhaltung und Gesichtsausdruck strahlen tiefe Zufriedenheit auf dem Pferderücken aus. Auch wenn mal etwas schiefgeht, bleibt Klaus Balkenhol gelassen, setzt die Lektion einfach neu an. Und wenn's so klappt, wie sich der Meister das vorstellt, gleitet ein Strahlen über sein Gesicht. Voller Begeisterung erkärt er, was er anders gemacht hat, woran der Fehler gelegen hat und wieso gerade dieses Pferd nun erst richtig reagieren konnte. Von Pferde- oder Reitmüdigkeit keine Spur. „Die Reiterei stellt nach wie vor etwas ganz Besonderes in meinem Leben dar. Dabei muss für mich nicht unbedingt die Wahnsinns-Leistung im Vordergrund stehen, sondern die Tatsache, dass ich als Mensch ein Pferd dazu bringe, mich zu verstehen. Und dass ich lerne, das Pferd zu begreifen und meinen Teil dazu beitragen kann, dass es ein

„Für mich ist es das große Gefühl, das Mitgefühl für die Pferde, das Klaus Balkenhol als Trainer ausmacht. Außerdem seine Fähigkeit, einem Pferd bei der Arbeit ein gutes Gefühl und Freude an allem, was es lernen soll, zu vermitteln, anstatt es zu stressen. Klaus scheint genau zu wissen, wie weit er gehen kann, ohne jemals Gefahr zu laufen, ein Pferd zu überfordern. Und ich finde, dass er ein sehr aufrichtiger, sehr authentischer Mensch ist, was auch den Stil seines gesamten Trainings charakterisiert."

DEBBIE MCDONALD
US-Kaderreiterin, Olympionikin, Weltcup-Siegerin, Dressurausbilderin, in USA mehrfach „Rider of the Year"

glückliches Pferd, ein „Happy Horse", bleibt. Diese Art der gegenseitigen Kommunikation – darin liegt für mich die wahre Faszination
der Reiterei."

Stichwort „Happy Horse". Die Pferde im Stall Balkenhol machen
einen zufriedenen Eindruck. Alle, die Youngster ebenso wie die Oldies, die Sportpferde genauso wie Ponysenior Muskatnuss. Die gesamte Familie legt viel Wert darauf, dass sich die Vierbeiner des Hofs
wohlfühlen und glücklich sind.

*„In der gegenseitigen
Kommunikation liegt
für mich die wahre
Faszination."*

Der Umgang mit den Pferden
und ihre sorgsame Ausbildung
erfüllen Klaus Balkenhol auch
nach über 50 Jahren Reiterei mit
Freude.

Wenn die Pferde so laufen, wie sich Klaus Balkenhol das vorstellt, schleicht sich beim Reiten auch schon mal ein Lächeln auf sein Gesicht.

„Der in der letzten Zeit im Sport aufgekommene Begriff ‚Happy Horse‘ ist an und für sich eine legitime Forderung, die aber auch eine Selbstverständlichkeit sein sollte", so Klaus Balkenhol. „Aber wenn ich mir die Gesichtszüge und die Körpersprache mancher Turnierpferde anschaue, dann habe ich meine Zweifel, ob diese Pferde wirklich ‚glücklich' sind. Ein Pferd, das unterm Reiter andauernd mit dem Schweif schlägt, die Ohren anlegt, einen gehetzten Blick hat, sich verspannt präsentiert, hektisch ist und unter seinem Reiter nicht gelassen stillstehen möchte, kann meiner Ansicht nach nicht sehr happy sein. Der Spruch vom ‚Happy Horse' ist da meines Erachtens nicht mehr als ein netter und eingängiger PR-Begriff."

Liegt das Glück der Pferde also doch im Reiter auf der Erde? Klaus Balkenhol lacht. „Nein, sicher nicht. Denn dann wären Pferde vermutlich schon fast ausgestorben und nur noch in Zoos zu besichtigen. Aber das Glück eines Pferdes hängt von so vielen Dingen ab. Von seiner Haltung, die möglichst artgerecht sein sollte. Von der Abwechslung, die ihm geboten wird und es aus dem täglichen Einerlei herausholt. Und von der Art und Weise, wie wir Menschen entsprechend den ethischen Grundsätzen mit ihm umgehen – vom Boden und vom Sattel aus. Wenn dies alles stimmt, dann kann ein Pferd durchaus glücklich sein."

„Wer sich ein Pferd anschafft, muss sich darüber im Klaren sein, dass er ein Lebewesen gekauft hat."

Die Verantwortung eines jeden Pferdehalters für sein Tier liegt dem Olympioniken und Trainer sehr am Herzen. eine Verantwortung, die für ihn nicht an sportliche Nutzung und auch nicht an Pferdealter gebunden ist. „Wer sich ein Pferd anschafft", so betont er, „egal zu welchem Zweck, muss sich darüber im Klaren sein, dass man damit ein Lebewesen gekauft hat, kein Sport- oder Fun-Gerät. Und bei aller Liebe zur Reiterei darf der eigene Ehrgeiz nie an die erste Stelle dieser ganz speziellen Beziehung rücken. Nicht alle Pferde sind beispielsweise für den Dressursport geboren und nur ganz wenige für den ‚großen Sport'. Das muss man als Reiter einsehen und darf ein Pferd immer nur im Bereich des Machbaren fordern – auch wenn der vielleicht mal unter dem liegt, was man sich einmal erhofft hat. Als Reiter und Ausbilder darf man auch nie vergessen, dass ein Pferd ein Wesen ist, das bei der Arbeit Fehler macht, so wie jeder Mensch auch. Diese Fehler passieren nicht, um den Reiter zu ärgern, sondern weil die Kommunikation nicht klappte oder das Pferd mit der gestellten Aufgabe überfordert ist, der Reiter den Fehler also selbst provoziert hat. In solchen Momenten zu strafen oder gar seinen Alltagsfrust am Pferd auszulassen, ist unverantwortlich. Reiten und der Umgang mit Pferden ist deshalb immer auch ein Teil Charakterschulung für den Menschen. Ich, der Mensch, muss auf das Pferd

„Der Umgang mit Pferden ist immer auch ein Teil Charakterschulung."

eingehen, es studieren und möglichst viel über sein Wesen, sein Verhalten und seine Bedürfnisse lernen. Dies ist man als Reiter seinem Pferd schuldig. Ebenso, dass man es nach ‚Nutzungsende‘, also nach dem Ausscheiden aus dem Sport oder dem täglichen Reiten, nicht einfach ausmustert oder abschiebt. Die Verantwortung, die ich als Pferdehalter für meine Tiere habe, kann ich nicht einfach abstellen oder von mir wegschieben. Diese Verantwortung hat man ein Leben lang. Auch alte Pferde haben ein Recht auf einen schönen Lebensabend. Und dass sie bei entsprechender Haltung und Betreuung auch im hohen Alter glücklich sein können und glücklich machen, haben ich und meine Familie im Laufe der Jahre mit all unseren Oldies immer wieder erlebt. Denn ein Pferd bleibt immer ein Pferd – auch ohne Reiter.“

Hatte die Chance, ein glücklicher Oldie zu werden: Rabauke, hier als 30-Jähriger auf der Weide im Stall Balkenhol.

ETHISCHE GRUNDSÄTZE

1 Wer auch immer sich mit dem Pferd beschäftigt, übernimmt die Verantwortung für das ihm anvertraute Lebewesen.

2 Die Haltung des Pferdes muss seinen natürlichen Bedürfnissen angepasst werden.

3 Der physischen wie psychischen Gesundheit des Pferdes ist unabhängig von seiner Nutzung oberste Bedeutung einzuräumen.

4 Der Mensch hat jedes Pferd gleich zu achten, unabhängig von dessen Rasse, Alter und Geschlecht sowie Einsatz in Zucht, Freizeit oder Sport.

5 Das Wissen um die Geschichte des Pferdes, um seine Bedürfnisse sowie die Kenntnisse im Umgang mit dem Pferd sind kulturgeschichtliche Güter. Diese gilt es zu wahren und zu vermitteln und nachfolgenden Generationen zu überliefern

6 Der Umgang mit dem Pferd hat eine persönlichkeitsprägende Bedeutung gerade für junge Menschen. Diese Bedeutung ist stets zu beachten und zu fördern.

7 Der Mensch, der gemeinsam mit dem Pferd Sport betreibt, hat sich und das ihm anvertraute Pferd einer Ausbildung zu unterziehen. Ziel jeder Ausbildung ist die größtmögliche Harmonie zwischen Mensch und Pferd.

8 Die Nutzung des Pferdes im Leistungs- sowie im allgemeinen Reit-, Fahr- und Voltigiersport muss sich an seiner Veranlagung, seinem Leistungsvermögen und seiner Leistungsbereitschaft orientieren. Die Beeinflussung des Leistungsvermögens durch medikamentöse sowie nicht pferdegerechte Einwirkung des Menschen ist abzulehnen und muss geahndet werden.

9 Die Verantwortung des Menschen für das ihm anvertraute Pferd erstreckt sich auch auf das Lebensende des Pferdes. Dieser Verantwortung muss der Mensch stets im Sinne des Pferdes gerecht werden.

Quelle: Deutsche Reiterliche Vereinigung

▶ 149 Zum Weiterlesen

▶ 151 Nützliche
Adressen

▶ 151 Register

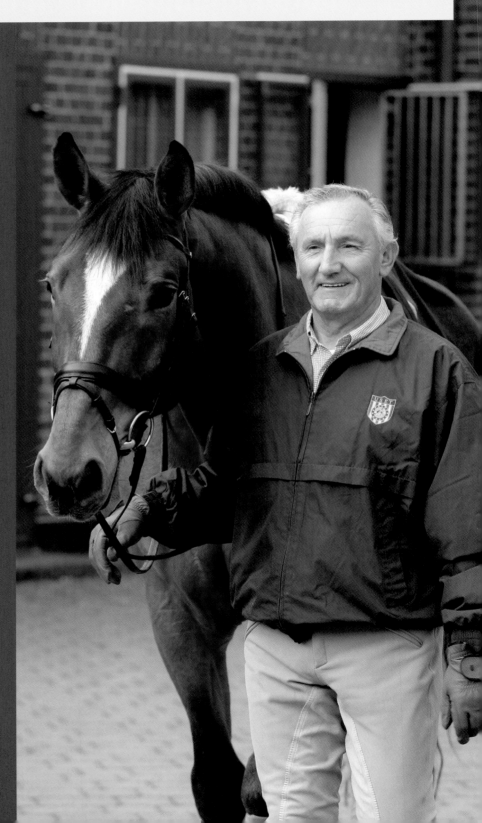

Zum Weiterlesen

Bender, Ingolf: **KOSMOS Handbuch Pferd**;
Reiten, Fahren Haltung, Zucht, Gesundheit,
KOSMOS 2006
Darauf hat die Pferdeszene lange gewartet:
Das große Nachschlagewerk für alle Reiter,
Pferdehalter und Züchter. Geballtes Exper-
tenwissen in einem einzigen Kompendium.

Bürger, Udo und Zietzschmann, Otto: **Der Reiter
formt das Pferd**; Tätigkeit und Entwicklung
der Muskeln des Reitpferdes, FN-Verlag
2004
Die Autoren erklären physiologische Erkenntnisse als Grundlagen für die Reitlehre.

Cummings, Peggy: **Connected Riding**; Besser
reiten mit inneren Bildern, KOSMOS 2005
Connected Riding verhilft dem Reiter zu
einer inneren Beweglichkeit und äußeren
Geschmeidigkeit, die ihn mit seinem Pferd
in Kontakt bringen. Ziel ist ein ausbalancier-
ter Reiter, der sich in einer neutralen Becken-
position befindet und so locker mit den Bewegungen des Pferdes mitgehen kann. Dies
gelingt durch innere Bilder anstelle von technischen Reitanweisungen.

Hinrichs, Richard: **Reiten mit feinen Hilfen**; Sitz,
Einwirkung, Motivation für Reiter, KOSMOS
2005
Richard Hinrichs erklärt in seinem Buch das
umfassende Wissen zum richtigen Reitersitz
und zur feinen Hilfengebung bis in schwierige Lektionen hinein.

Klimke, Ingrid und Dr. Reiner: **Grundausbildung des jungen Reitpferdes**; Von der Foh-
lenerziehung bis zum ersten Turnierstart,
KOSMOS 2005
Jedes Pferd, ob es im Sport oder in der Freizeit geritten wird, braucht eine solide und
fundierte Grundausbildung, damit es seine

Aufgaben unter dem Reiter zuverlässig und
motiviert erfüllen kann. Der Longseller jetzt
vollständig überarbeitet und neu bebildert.

Klimke, Ingrid und Dr. Reiner: **Cavaletti –
Dressur und Springen**; Erfolgreich trainieren mit Olympiareiterin Ingrid Klimke,
KOSMOS 1997/ 2005
Ein wichtiger Grundstein für den Erfolg von
Ingrid Klimke ist die Cavaletti-Arbeit. Neben
der Gymnastizierung des Pferdes und der
damit verbundenen Verbesserung der Gangarten bringt sie Spaß und Abwechslung in
den Trainingsalltag.

Meyners, Eckart: **Bewegungsgefühl und Reitersitz**; Reitfehler vermeiden – Sitzprobleme
lösen, KOSMOS 2005
Mit dem Praxisbuch zur Meyners-Methode
bekommt jeder Reiter flatternde Schenkel,
hohe Absätze und unruhige Hände in den
Griff. Das 6-Punkte Kurzprogramm für besseres Reiten und der mobile Stuhl „Balimo"
werden erfolgreich auf Lehrgängen eingesetzt.

Podhajsky, Alois: **Die Klassische Reitkunst**,
KOSMOS 1998
Die Ausbildung von Reiter und Pferd nach
den Grundsätzen der Klassischen Reitkunst
ist von zeitloser Gültigkeit. Noch immer wer-
den die Pferde der Spanischen Reitschule in
Wien nach diesen Grundsätzen ausgebildet.
Diese wegweisende Reitlehre wurde von Alois
Podhajsky erstmals schriftlich festgehalten.

Savoie, Jane: **Positiv denken – Erfolgreich reiten**;
Der Weg zum persönlichen Sieg; KOSMOS
2006
Erfolg oder Misserfolg hängt nur zu 15 %
vom Können und zu 85% von der inneren
Einstellung ab. Die moderne Sportpsycholo-

gie setzt auf mentales Training und Visualisierung, um die reiterlichen Herausforderungen zu meistern. Das Praxisbuch erklärt Schritt für Schritt, wie diese alternativen Methoden zum schnellen Erfolg führen.

Schöffmann, Britta Dr.: **So gelingt die Dressurprüfung**; Nennen, starten, gewinnen, KOSMOS 2002, 2006
In welcher Prüfung darf ich starten? Welches sind die wichtigsten Lektionen? Was wollen die Richter sehen und wie kann ich gewinnen? Dieses Buch zeigt Ihnen den Weg von der Nennung bis zur Siegerschleife.

Schöffmann, Britta Dr.: **Lektionen richtig reiten**; Übungen von A – Z mit Olympiasiegerin Isabell Werth, KOSMOS 2005
Von A wie Abwenden bis Z wie Zick-Zack-Traversale findet der Reiter in diesem Buch jede wichtige Lektion ausführlich erklärt. Er erfährt, wie die Übungen richtig geritten werden, welche Fehler man vermeiden sollte und mit welchen Hilfen die Lektionen Schritt für Schritt erarbeitet werden.

Schöffmann, Britta, Dr.: **Die Skala der Ausbildung**; Erfolgreich reiten nach den Richtlinien der FN, KOSMOS 2003, 2006
Mit praxisnahen Schritt-für-Schritt-Anleitungen wird das Erfolgsrezept der deutschen Reiterei in Wort und Bild grundlegend vom Takt bis zur Versammlung erklärt.

Schöffmann, Britta, Dr.: **Horse-Handling; oder Reiterglück beginnt am Boden**, FN-Verlag 2006
Dieses Buch beschreibt praxisnah und mit einem Schuss Humor die Erziehung des Pferdes vom Boden aus. Die Kommunikation zwischen Mensch und Pferd sowie die Bedeutung von Vertrauen, Achtung und Konsequenz für das problemlose Miteinander werden nachvollziehbar erklärt.

Schöning, Barbara Dr.: **Das KOSMOS Erziehungsprogramm Pferde**; Pferdeverhalten verstehen, Verhaltensprobleme vermeiden und lösen, Pferde richtig motivieren, KOSMOS 2004
Hier finden Sie das kleine Einmaleins des guten Benehmens für Pferde und wie Sie es auch mit Ihrem Pferd spielerisch und mit Freude erreichen.

Simonds, Mary Ann und Meyer, Dorothe Dr. med. vet.: **Stress bei Pferden erkennen und behandeln**, KOSMOS 2007
Jedes Pferd hat Stress. Dieses Buch hilft Pferdebesitzern, die Gefühle und Bedürfnisse ihrer Pferde zu erkennen und Stress z. B. beim Verladen, beim Wettkampf und bei der Haltung zu reduzieren.

Stahlecker, Fritz: **Das motivierte Dressurpferd**, KOSMOS 2000
Wer beim Ausbilden von Dressurpferden mehr Wert auf Ästhetik und Kreativität legt als auf Drill und Kraftaufwendung, findet hier den richtigen Weg. Nach der Hand-Sattel-Hand-Methode können Lerneifer und Neugier des Pferdes schon ab einem Alter von ca. zweieinhalb Jahren spielerisch und stressfrei genutzt werden.

Tellington-Jones, Linda und Lieberman, Bobbie: **Tellington-Training für Pferde**; Das Lehr- und Praxisbuch, KOSMOS 2007
Die weltweit bekannte Autorin Linda Tellington-Jones zeigt in ihrem umfassenden Werk mit Hilfe der bekannten TTouches und der TTEAM-Arbeit den Weg zu neuer Partnerschaft, sanftem Umgang und gelungener Kommunikation. Verhaltensprobleme von A-Z, Tellington-Ttouches, Bodenarbeit und Reiten.

Nützliche Adressen

Deutsche Reiterliche Vereinigung (FN)

Freiherr-von-Langen-Str. 13
D-48231 Warendorf
Tel. (+49) (0)2581-63620
Fax (+49) (0)2581-62144
fn@fn-dokr.de
www.fn.dokr.de

Bundesfachverband für Reiten und Fahren in Österreich (BFV)

Geiselbergstr. 26-32/Top 512
A-1110 Wien
Tel. (+43) (0)1-7499 261 10
Fax (+43) (0)1-7499 261 91
office@fena.at
www.fena.at

Schweizerischer Verband für Pferdesport (SVPS)

Papiermühlestr. 40 H
Postfach 726
Ch-3000 Bern 22
Tel. (+41) (0)31-335 43 43
Fax (+41) (0)31-335 43 58
info@svps-fsse.ch
www.svps-fsse.ch

Register

Aachen 92 f., 139, 141
Abreiten 140
Anlehnung 47, 59 ff., 73, 106, 113, 123, 135
Anreiten 23 ff.
Aragon 79, 100, 139
Arnheim 141
Athen 87, 141
Atlanta 73 f., 77, 129
Aufgabenreiten 126
Aufsteigen 26, 28
Aufwärts 93, 107, 116, 121 f.
Ausbilder 95
Ausbildung 20 ff., 34, 36
Ausbildungsfehler 95
Ausbildungsskala 34, 40, 42, 53, 59 f., 66, 86, 93, 100, 104, 108, 111, 120, 123, 131
Ausdruck 51, 71, 73, 75, 103
Ausrüstung 60
Außengalopp 120
Außenstellung 83

Balance 47, 78, 80 ff., 98, 106, 108, 111, 113, 130
Balkenhol, Anabel 18, 29, 42, 44, 47, 70, 73, 90, 92, 95, 133, 140
Balkenhol, Judith 25 ff., 46 f., 66, 70, 85
Ballotieren 97
Barcelona 65 ff., 129
Basisarbeit 111
Beauvalais 40
Beweglichkeit 84
Biegung 83

Blinks, Sue 86
Bodenarbeit 24, 56
Boldt, Harry 53
Brentina 69 f., 98
Bundestrainer 14, 74, 77, 80 ff., 133, 141

Capellmann, Nadine 14, 32, 44, 49, 52 f., 63, 72, 74, 78, 80 f., 84, 86 ff., 108, 133
Charakter 39
Coach 14, 32, 80, 86, 93, 131, 133 ff.
Coaching 130 ff.
Coaching-Konzept 134

Dehnungshaltung 74, 77
Den Haag 69, 129
Deutsches Dressur-Derby 56
Dover, Robert 87
Dressurpferd 20 ff., 35 ff.
Dressurtraining 34
Druck 55, 96, 100, 103 ff., 126, 142
Durchlässigkeit 75, 101, 111, 114, 117
Durchsprung, ungleicher 123

Easy 95 f., 98
Ehrgeiz 32, 40, 142, 145
Einerwechsel 120
Einerwechsel-Fehler 123
Eins-Eins 120
Elvis 78, 88

Entspannung 52 f.
Erfolge als Reiter 129
Erfolge als Trainer 141
Erziehung 13, 21 ff.
Escorial 11
Ethische Grundsätze 16 f., 147
Exterieur 100

Farbenfroh 33, 52 ff., 59 ff., 85 ff.
FEI 15
Ferdi 28
Ferrer-Salat, Beatrice 40
Floriano 29, 68, 120
FN 15
Fohlen 20 ff., 42

Galopp 44, 51, 72, 89, 102, 113, 120 ff.
Garçon 77 f.
Gebrauchshaltung 77
Geduld 31, 59, 128
Gelände 29, 47
Genick 80, 89, 105
Geraderichtung 79 ff., 111
Gering ausgeprägte Schwebe 113
Gerte 74, 104, 113, 116, 118, 126
Gesundheit 35, 58, 73, 88
Gigolo 36
Gleichgewicht 97, 123
Goldstern 16, 32, 52, 61, 64 f., 68 f., 73, 77 ff., 86 f., 90, 126, 129

Gracioso 32, 42, 44 ff., 52, 54, 74, 84, 90 ff.
Granat 36
Grand Prix-Lektionen 94 ff.
Grundausbildung 35
Grundgangarten 40, 43, 68, 76, 89, 93
Grunsven, Anky van 70
Gymnastizierung 61, 63, 75, 84, 111

Halbe Tritte 100, 103, 106, 115
Haltung 13, 145 f.
Handarbeit 118 f.
Handgalopp 120
Happy Horse 143 ff.
Harmonie 91, 127
Heidi 32, 34
Hilfen 73, 75, 98, 102 109 ff., 120
Hilfengebung 126, 130
Hilfszügel 28, 56, 63
Hinterhand-Aktion, ungleiche 113
His Highness 50, 76, 82 f.
Hohenstein 76
Horseman 52, 66
Horsemanship 128
Hoy, Bettina 99, 141

Ikarus 28
Impuls 71, 97 ff., 103 f., 113, 116, 123
Individualität 33 f., 98, 108, 125, 134

Register

Jerez de la Frontera 86, 141

Kadenz 86
Kandare 60 ff.
Kemmer, Heike 40
Kingston 38, 96
Klassik 28
Klassische Dressur 12 ff., 15, 90, 131
Klassische Grundsätze 10 f., 42, 58, 75, 93, 95
Klimke, Dr. Reiner 53
Klimke, Ingrid 136, 141
Klimke, Michael 115
Kommunikation 39, 72, 145, 143
Konditionierung 58
Koppelmann, Carola 30, 95, 141
Körperspannung 93, 111

La Picolina 73, 101
Langenhahnenberg, Helen 141
Laudatio 72
Le Bo 95, 97
Little Big Man 37, 92
Lob 99, 102
Lösen 68
Losgelassenheit 15, 42, 46, 52, 63, 73, 75, 93, 104

McDonald, Debbie 69 f., 86 f., 93, 98, 142
Morris, George 88
Morse, Leslie 55, 93, 135
Muskatnuss 143

Nachgeben 84

Oberon 36
Oleander 36, 67 ff.

Paraden, halbe 62, 72, 78, 93, 97, 101 f., 104, 108 ff., 130
Passage 84, 93, 95, 98, 107 ff., 114 ff.
Passage-Fehler 113
Peters, Steffen 29, 68, 93, 120, 133, 141
Philosophie 9 ff.
Piaffe 55, 84, 93 95, 98, 100 ff., 108 ff., 114 ff.

Piaff-Fehler 106
Piaff-Förderpreis 138
Piaff-Passage-Tour 87, 95 f.
Piaff- und Passage-Übergänge 84, 92, 114 ff.
Piaff-Tritte 96, 102
Pirouette 137
Prinzessin Nathalie zu Sayn-Wittgenstein 19, 133, 141
Prüfungsvorbereitung 108, 138

Querkopf 66

Rabauke 35 f., 38, 43, 46, 49 f., 52, 55, 57 f., 61, 81 f., 129, 146
Raumgriff 51, 89
Rehbein, Karin 69, 141
Reiterstaffel 27, 29, 56, 131
Reitkunst 17, 124 ff.
Reitlehrer 131 f.
Rembrandt 60
Renvers 102, 106
Rhodomo 59 ff.
Rhythmus 33
Richtlinien für Reiten und Fahren 15
Roche 88, 101
Rom 141
Rosendahl 19, 75, 85, 90, 92

Salzgeber, Ulla 81, 141
Schaudt, Martin 89
Schenkelhilfe 104, 116, 126
Schenkelweichen 72
Schiefe 80 f., 111
Schiergen, Heiner 88
Schlaufzügel 28, 60
Schleppende Hinterhand 113
Schmerzen 104, 107
Schnellbleiche 29, 61
Schöffmann, Britta 6, 8, 73, 101
Schritt 43 f., 49, 51, 89, 102 f., 115
Schulten-Baumer, Dr. Uwe 81
Schulten-Baumer, Dr. Uwe jun. 53
Schulterherein 72, 97, 102, 106, 113

Schultheis, Willi 14, 46, 48, 50 f., 100
Schwanken 113
Schwebe 116
Schwebetritte 107, 113
Schweifschlagen 30 f.
Schwung 67 ff., 90, 102, 130
Seidel, Günter 79, 86 f., 93, 100, 121, 139
Seitengänge 47, 78, 102
Seitlich ausweichende Hinterbeine 106
Seitlich ausweichende Vorderbeine 106
Seitwärts-schwingende Hinterhand 123
Seitwärtsverschiebungen 108
Selbsthaltung 78, 84, 89
Sensibilisierung 72 f., 75, 104, 110, 114
Serienwechsel 120, 123
Seunig, Waldemar 83
Signale 30, 116
Simons-de-Ridder, Alexandra 81
Sitz 65 f., 123, 130, 142
Skala der Ausbildung 13, 27, 40 ff., 58, 70 f., 81, 117
Spanntritte 107
Spaß 142 ff.
Sporen 74, 126
Sport 10 f., 58, 125, 128, 144, 146
Sportreiterei 12 ff.
Stecken, Paul 16
Stellung 49, 82 f.
Stützen 107
Stützende Vorderbeine 106
Sultan 37
Sydney 141

Takt 39, 42 ff., 73, 111, 117
Taktstörungen 24, 95
Tanz 86 ff.
Tellington-Jones, Linda 54
Tellington-Methode 53, 56
Tempi 93, 108, 117
Tempiwechsel 120 ff.
Theodorescu, George 56
Theodorescu, Monica 65
Tip Top 55, 135

Tosca 34, 36
Touchierhilfe 104
Touchierpunkte 119
Trab 44, 49, 51, 80, 85, 89, 102, 108 ff., 112 ff., 117
Trainer 14, 32, 42, 90, 121, 131
Travers 102, 106
Trense 60 f.
Turnier-Coaching 138 ff.

Überforderung 23, 27 ff., 113, 135, 137
Übergänge 47, 65, 95, 97, 108, 110, 113 f., 117
Umgang 125, 145
Uphoff, Nicole 60, 65, 69
US-Coach 90, 141
US-Dressursport 82
US-Reiter 14, 38, 85 f., 133

Versammlung 27, 39, 48, 74, 86 ff., 98, 103, 113, 123
Verspannung 54, 84, 104, 108
Verstärkung 85, 88 f., 128
Vertrauen 21 ff., 39, 46, 56, 58, 104
Verwerfen 80
Viertakt 89, 102
Vorwärts 78, 80, 89, 93, 102 f., 107, 113, 116, 122 f.
Vorwärts-Abwärts-Haltung 29

Wechsel 84, 121 f., 133
Wechselfehler 81, 84
Wechseltour 120 ff.
Weide 28 f., 146
Werth, Isabell 65, 69, 81, 141
Wilcox, Lisa 86 f.
Williams, George 66, 101
Woyceck 53

Xenophon 14 f.

Zähneknirschen 30 f.
Zeit 25, 95 ff.
Zwang 21, 23, 31, 56, 58, 72, 77
Zweitakt 102, 111

BILDNACHWEIS

Klaus Balkenhol (51: S. 7, 10.u., 11, 12 li. u., re. u., 14 u., 15 u., 16, 17 u., 21 u., 22 u., 24 u., 25 u., 26 u., 27 u., 30 u., 32 u., 33 u., 34 u., 35, 36 u., 39 u., 40 u., 42 u., 43 u., 44 u., 45, 46, 47 u., 48 u., 49 u., 51 u., 52 u., 53 u., 55 u., 56 u., 58 u., 61 u., 63 u., 67 u., 71 li. u., re. u., 76 u., 77 u., 81, 81 u., 84, 91, 92, 103 u., 146), Elke Berg (1: S. 53), Arnd Bronkhorst (1: S. 69 u.), Jan Gyllensten (1: S. 66 u.), Werner Ernst (7: S. 48, 72 u., 77 u., 78 u., 79 u., 87, 124), Karl-Heinz Frieler: (1: S. 59 u.), Alois Müller (99: S. 6, 8, 9, 13, 14, 16, 18, 20, 22, 25, 26 li., re., 29 li., re., 31, 32, 33, 37 li., re., 38, 41, 43, 50, 54, 55, 60, 63, 64, 68, 69, 73 li., re., 75, 77 li., re., 79 li., re., 80, 82, 85, 88, 90 li., re., 91 u., 94, 96, 97, 99 o., u., 100, 101 o., u., 102 li., re., 103 o., 105 o. li., o. re., u. li., u. re., 107, 109, 110 li., re., 111 li., re., 112 o., mi., u., 114 li., re., 115, 116, 118, 119 o. li., o. re., mi. li, mi. re., u. li., u. re., 120, 121, 122, 123, 127, 131 li., mi., re., 132, 134, 135, 136, 138, 139 o., u., 143 li., re., 144), Julia Rau (1: S. 62), Bärbel Schnell (2: S. 89 u., 93 u.), Britta Schöffmann (4: S. 74, 75 u., 83 li u., re. u.) Julia Wentscher (1: S. 70)

Die Abbildung auf S. 10 stammt aus Sylvia Loch: Reitkunst im Wandel, Kosmos 1995.

IMPRESSUM

Umschlaggestaltung von eStudio Calamar unter Verwendung von vier Farbfotos von Alois Müller (Hauptmotiv, kleines Foto Mitte, kleines Foto unten, Foto Umschlagrückseite) und einem Farbfoto von Arnd Bronkhorst (kleines Foto oben)

Mit 150 Farbfotos und 30 Schwarzweißfotos.

Unser gesamtes lieferbares Programm und viele weitere Informationen zu unseren Büchern, Spielen, Experimentierkästen, DVDs, Autoren und Aktivitäten finden Sie unter **www.kosmos.de**

Gedruckt auf chlorfrei gebleichtem Papier

© 2007, Franckh-Kosmos Verlags-GmbH & Co. KG, Stuttgart
Alle Rechte vorbehalten
ISBN 978-3-440-10776-8
Redaktion: Alexandra Haungs
Produktion: Kirsten Raue, Claudia Kupferer
Printed in Germany / Imprimé en Allemagne

Ausbildung und Training

Britta Schöffmann
Die Skala der Ausbildung
176 Seiten, 182 Abbildungen
€/D 26,90; €/A 27,70; sFr 45,80
ISBN 978-3-440-10785-0

■ Die ideale Trainingsgrundlage für jeden Reiter und jedes Pferd – Praxisnahe Anleitungen erklären das Erfolgsrezept der deutschen Reiterei in Wort und Bild

■ Neu: Trainingsmethoden unter der Lupe

Britta Schöffmann
So gelingt die Dressurprüfung
128 Seiten, 109 Farbfotos
€/D 19,95; €/A 20,60; sFr 34,80
ISBN 978-3-440-10680-8

■ Training und Turniersaison optimal planen, Dressuraufgaben üben, Prüfungs-Protokolle richtig lesen und vieles mehr

■ Dieser Turnierratgeber erklärt den Weg von der korrekten Nennung über den erfolgreichen Start bis zum Sieg

KOSMOS

Mehr wissen, besser reiten